IT 제국 대충돌 II

김들풀 • 이제은

Multi Dimensional Insight

아스팩미래기술경영연구소

[CONTENTS]

1

물리학 기술

Physics Technology

1
2
3

2

디지털 기술

Digital Technology

3

생물학 기술

Biology Technology

머 / 리 / 말

●

새로운 차원으로 로그인 하라!

이 책은 IT·과학 전문기자와 경영정보·행정학 전문가가 오랫동안 아스펙미래기술경영연구소에서 스터디하고 분석해서 얻은 인사이트를 카테고리별로 취합하고 정리한 것이다. 국내는 물론 글로벌 현장에서 얻게 된 정보는 물론 이를 통해 깨친 인사이트를 바탕으로 최근 급격하게 변화하고 첨예하게 경쟁을 벌이고 있는 IT기술과 과학이 우리 삶에 미치는 영향을 살펴보고 미래를 가늠해 보고자 했다.

이를 위해서는 무엇보다도 세계를 이끌고 세상을 지배하고 있는 글로벌 거대 IT 기업들을 제대로 이해하고 분석해야 한다. 또한 과학기술의 동향을 잘 살펴야 한다. 이 책은 크게 세 개의 카테고리로 분류했다. 먼저 세상의 근원인 물리학 기술과 세상을 바꾸는 디지털 기술, 세상의 원리 생물학 기술로 나눠 그에 맞는 컨텐츠를 모았다. 특히 AI, 로봇, IoT, 클라우드, 블록체인, 클라우드/앳지 컴퓨팅 등을 아우르는 요소 기술을 기반으로 하루가 멀다 않고 새롭게 나타나는 IT 비즈니스 모델(BM) 전략과 동향의 인사이트를 집중적으로 다뤘다.

아울러 이처럼 빠르게 변화하는 다양한 IT·과학 기술을 매 분기 또는 반기 등 일정한 기간을 두고 주기적으로 이슈에 따라 취합하고 정리함으로써 심층적 분석과 지속적 전망이 이뤄지도록 할 계획이다.

이 책이 대한민국 IT·과학기술 도약에 한 톨의 밀알이 되고 세계를 이끄는 기술 비즈니스 모델 부문에서 우리의 국가경쟁력을 높이는 데 한 줄기 팁이라도 될 수 있다면 더 바랄 나위가 없을 것이다.

꿈꾸고 추구하는 자만이 세상을 바꿀 수 있는 것처럼 세상을 지배하는 IT·과학 기술들을 끊임없이 분석하고 벤치마킹해 이들의 어깨 위에 올라갈 때만이 우리는 4차 산업혁명의 선두에 한 발 다가설 수 있다는 점을 상기하며 이 책을 다각도로 활용하기 바란다.

아울러 이 책과 다른 생각이나 보완할 점에 대해서는 수시로 의견을 보내주시고, 내용과 관련해서도 많은 분들의 지도와 편달을 부탁드리고 싶다.

지은이 소개

김들풀 | UPI뉴스 편집장이자 IT NEWS 대표로 IT·과학 현장에서 취재하고 글을 쓰고 있으며, MBC, KBS, YTN 등에 출연해 IT 애널리스트로 방송 활동을 펴고 대학과 기업에서 강의를 하고 있다. 겸직으로는 아스팩미래기술경영연구소 대표, KIST융합대학원/전북대학교 외래교수, 스마트교육연구소장, 한국능력개발원 수석연구원, 한글학회 정회원(NLP_자연어처리 연구), 국제미래학회 IT애널리스틱 위원장으로도 활동하고 있다. 특히 아스팩미래기술경영연구소에서 정보기술, 나노기술, 바이오기술, 에너지기술, 자원기술, 식량기술과 기술의 융복합을 통한 미래기술 및 전략을 연구하고 있다.

저서로는 〈미래유망기술 도출과 신사업 추진 전략〉, 〈대한민국 4차산업혁명 마스터플랜〉, 〈ICT제국 대충돌–구글과 애플의 BM 전쟁〉, 〈대한민국 미래교육 보고서〉, 〈교육과 뇌: 다중지능을 활용한〉 등이 있다.

이제은 | 경영정보학 석사, 행정학 박사 수료. 현재 아스팩미래기술경영연구소에서 정보 기술과 언어학, 바이오를 융합한 자연어처리(NLP) 연구를 수행하고 있다. 그 간 국가 정보화 전문기관인 한국정보화진흥원(NIA)과 한국지역정보개발원 (KLID) 선임연구원으로 정보화사업 기획 및 수행과 지역정보화정책 기획 및 연 구 등을 수행했으며, 2007년에는 KT u-City사업단에서 부산광역시 u-교통 기 본설계를 업무를 수행했다. 2012년 행정안전부 장관상, 2008년, 2011년 한국정 보화진흥원 원장상 등을 수상했다.

논문으로는 〈전자정부의 진화와 정부 3.0〉, 〈제4차 산업혁명과 지역정보화 방 향: 법제적 시사점〉, 〈4차 산업혁명 시대의 지역정보화 대응전략〉, 〈4차 산업혁 명 기반의 지방행정 구현에 관한 연구〉, 〈스마트 라이프 혁명의 실제와 스마트 폰 중독〉, 〈국내외 주요 행정기관의 웹 접근성 준수실태〉 등이 있다.

1장 물리학 기술

Physics Technology

"인류는 얼마나
오만한가?"

_칼 세이건의 〈창백한 푸른 점〉

"인류는 얼마나 오만한가?"

우리 인류는 오랫동안 "우리는 어디에서 왔을까? "라는 질문을 품어왔다. 칼 세이건의 말처럼 우리 DNA 안에 있는 질소, 우리 치아의 칼슘, 핏속의 철, 애플파이 안에 있는 탄소는 모두 붕괴하는 별의 내부에서 만들어졌고, 우리는 별의 물질로 만들어졌다.

우리 인류는 기원을 찾기 위해 과학이라는 현대 인류 보편의 방법으로 우주의 시작 빅뱅으로부터 138억 년을 탐험하고 있다.

인류 역사상 처음으로 1977년 '여행자'라는 이름을 가진 보이저(Voyager) 1호가 발사돼 2012년 태양계를 벗어나 인류 역사상 처음으로 성간우주에 진입했다. 또 보이저 1호보다 16일 먼저 발사된 보이저 2호가 2018년 12월 41년의 비행 끝에 두 번째로 성간우주에 진입했다.

성간우주(Interstellar Space)란 태양계의 끝 항성과 항성 사이의 공간을 말한다. 즉, 태양에서 나오는 태양풍·

자기력선이 미치는 공간을 뜻하는 태양권 밖의 별과 별 사이의 우주를 가리킨다. 위치상으로는 태양에서 약 190억 km 떨어진 곳이다.

보이저 2호는 역사상 가장 위대한 항해자라는 칭송을 들을 정도로 많은 발견을 이루어냈다. 화성을 제외한 소위 목성형 행성이라 불리는 모든 외행성을 방문해 엄청난 수확을 안겨주었다. 특히 천왕성과 해왕성에 대해 우리가 알고 있는 대부분 정보는 이 보이저 2호에 의해 밝혀진 것으로 수많은 매체나 과학 교과서 등에서 본 천왕성과 해왕성의 고화질 사진들은 전부 보이저 2호가 찍은 것들이다. 현재까지 천왕성과 해왕성을 방문한 유일한 탐사선이다.

한편 보이저 1호는 2호보다 16일 늦게 발사됐지만, 빠른 속도 덕분에 보이저 2호보다 6년 앞서 성간우주에 도달했지만 플라즈마 관측장치(PLS)가 1980년에 고장나 사실상 임무 수행은 멈춘 상태다. 하지만 보이저 2호의 플라즈마 관측장비는 정상적으로 작동하고 있어 지금까지 수많은 정보를 보내주고 있다. 현재 보이저 2호가 전송한 정보는 지구에 도달하기까지 16시간 이상이 소요된다.

현재 우주를 항해하고 있는 2대의 보이저호에는 인류의 메시지를 담은 골든 레코드판이 실려 있다. 이는 혹시라도 만에 하나 존재할지도 모르는 외계 생명체가 보이저를 발견할 경우 인류 문명에 대한 정보를 얻을 수 있도록 하기 위함이다.

이 레코드판은 지구의 각종 정보와 메시지를 담은 LP 디스크다. 12인치짜리 구리 디스크의 표면에 금박을 입혔기 때문에 골든 레코드(Golden Record)라는 이름이 붙게 됐다. 또한 알루미늄 보호 케이스에 재생기와 함께 보관되어 있다.

　　　레코드를 동봉하자는 것은 위대한 천문학자 칼 세이건이 제안한 아이디어로 디스크에 실린 정보 역시 칼 세이건의 주도로 약 6개월간 자료를 수집해 기록했다. 각 레코드판에는 우리 행성과 인간과 문명의 모습을 담은 사진 116장과 55개의 여러 민족 언어로 된 인사말, 천둥이나 빗소리와 같은 지구와 생명의 진화를 표현한 자연의 소리 19개, 우리가 쓰는 기호들과 과학이론들, 인류가 만든 음악들 27곡, 당시 UN사무총장, 미국 국무장관, 미 대통령 지미 카터의 시 UN사무총장, 미국 국무장관, 미 대통령 지미 카터의 환영 인사말이 실려 있다.

　　　지구상 언어 중 55개 인사말 중에는 고대어인 수메르어와 히타이트어뿐 아니라 심지어 고래의 인사말도 있다. 한국어는 당시 한국인 대표로 신순희씨가 "안녕하세요"라고 한 인사말이 담겼다.

　　　1990년 2월 14일, 칼 세이건은 우주 탐사선 보이저 1호가 태양계를 벗어나면서 지구에서 가장 멀리 떨어진 위치인 해왕성 궤도를 지날 때 카메라를 지구 쪽으로 돌릴 것을 지시했다. 많은 반대가 있었으나, 결국 지구를 포함한 6개 행성을 찍을 수 있었으며, 촬영한 사진을 인류에게 전송했다.

　　　이 사진에서 지구의 크기는 0.12화소에 불과한 작은 점으로만 보인다. 칼 세이건은 이 이 사진을 보고 감명을 받아 쓴 책 '창백한 푸른 점(The Pale Blue Dot)'에 다음과 같이 기록했다.

　　　여기 있다. 여기가 우리의 고향이다. 이곳이 우리다. 우리가 사랑하는 모든 이들, 우리가 알고 있는 모든 사람들, 당신이 들어 봤을 모든 사람들, 예전에 있었던 모든 사람들이 이곳에서 삶을 누렸다. 우리의 모든 즐거움과 고통들, 확신에 찬 수많은 종교, 이데올로기들, 경제 독트린들, 모든 사냥꾼과 약탈자, 모든 영웅과 비겁자, 문명의 창조자와 파괴자, 왕과 농부, 사랑에 빠진 젊은 연인들, 모든 아버지와 어머니들, 희망에 찬 아이들, 발명가와 탐험가, 모든 도덕 교사들, 모든 타락한 정치인들, 모든 슈퍼스타, 모든 최고 지도자들, 인간역사 속의 모든 성인과 죄인들이 여기 태양 빛 속에 부유하는 먼지의 티끌 위에서 살았다.

지구는 우주라는 광활한 곳에 있는 너무나 작은 무대이다. 승리와 영광이란 이름 아래, 이 작은 점의 극히 일부를 차지하려고 했던 역사 속의 수많은 정복자가 보여준 피의 역사를 생각해 보라. 이 작은 점의 한 모서리에 살던 사람들이, 거의 구분할 수 없는 다른 모서리에 살던 사람들에게 보여주었던 잔혹함을 생각해 보라. 서로를 얼마나 자주 오해했는지, 서로를 죽이려고 얼마나 애를 써왔는지, 그 증오는 얼마나 깊었는지 모두 생각해 보라. 이 작은 점을 본다면 우리가 우주의 선택된 곳에 있다고 주장하는 자들을 의심할 수밖에 없다.

우리가 사는 이곳은 암흑 속 외로운 얼룩일 뿐이다. 이 광활한 어둠 속의 다른 어딘 가에 우리를 구해줄 무언가가 과연 있을까. 사진을 보고도 그런 생각이 들까? 우리의 작은 세계를 찍은 이 사진보다, 우리의 오만함을 쉽게 보여주는 것이 존재할까? 이 창백한 푸른 점보다, 우리가 아는 유일한 고향을 소중하게 다루고, 서로를 따뜻하게 대해야 한다는 책임을 적나라하게 보여주는 것이 있을까? – 칼 세이건의 책 '창백한 푸른 점(The Pale Blue Dot)' 중에서

우주 과학의 대중화를 선도한 세계적인 천문학자 칼 세이건은 미국 우주 계획의 시초부터 지도적인 역할을 해왔다. 특히 그의 저서 코스모스(Cosmos)는 지금까지 영어로 출판된 과학 서적 중 가장 널리 읽힌 책이다.

칼 세이건은 이 사진을 통해 우리가 이토록 광활한 우주에 비하면 얼마나 보잘것없는 존재인지를 깨닫게 해 주었다.

실제로 세상을 이루고 있는 원자는 99.999%는 빈 공간이다. 물리학자 말콤 롱에어는 "원자 크기가 축구 경기장만 한다면 원자핵 크기는 축구공 크기에 불과하다"고 설명한다. 따라서 우리가 보는 것과 우리가 욕망하는 모든 것의 99.999%는 빈 공간이다.

그동안 우리 인류는 얼마나 오만하게 살아왔는가를 다시 한 번 새겨봐야 할 새해 시작이다.

＼ 성간우주에 진입한 보이저 2호. 출처: NASA]

↓ '보이저 2호'에 실린 우주를 향한 인류의 메시지 '골든 레코드(Golden Record)' [출처: NASA]

↗ 보이저 1호가 찍은 태양광선 속의 창백한 푸른 점(The Pale Blue Dot). [출처: NASA]

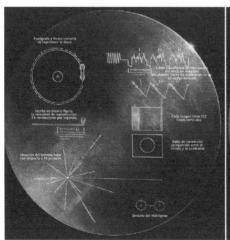

생물학에서 영감을 받은 군집 로봇들

월트 디즈니 3D 애니메이션 '빅 히어로 6(Big Hero 6)' 속에 나오는 마이크로 로봇은 조종자의 명령에 따라 스스로 움직이며 서로 달라붙고 떨어질 수 있는 군집 로봇기술이다. 영화 속 주인공은 이 작은 로봇들을 이용해 커다란 로봇 팔을 만들어 무거운 물건을 들어 올리고, 공중에 다리를 만드는 등 원하는 모양을 자유자재로 만들기도 한다. 도저히 현실에서는 불가능할 것 같은 군집 로봇 기술이 만들어졌다.

스페인 바르셀로나 '유럽 분자생물학 연구소(EMBL)' 제임스 샤프(James Sharpe) 교수팀은 군집 형태를 미리 입력하지 않아도 로봇끼리 신호를 주고받으며 무리를 이루는 군집 로봇 시스템을 만들었다.

샤프 교수는 웨스트 잉글랜드 대학 브리스톨 로보틱스 연구소(Bristol Robotics Laboratory)와 게놈규제센터(CRG)와 함께 로봇 공학에 자기 조직의 생물학적 원리를 도입했다. 연구 결과는 2018년 12월 19일(현지 시각) 국제학술지 '사이언스 로보틱스(Science Robotics)'에 'Morphogenesis in robot swarms' 논문명으로 게재됐다.

특히 이번 연구는 2014년 미국 하버드 대학교 연구팀이 개발 실험한 1,024대의 군집 '킬 로봇(Kill Robot)'이 서로 신호를 주고받으며 별 모양의 군집 구조를 이루는 것과는 개념부터 다르다. 당시 실험은 중앙 컴퓨터에서 제어하는 수준으로 로봇들이 서로 거리를 유지하는 수준에 머물렀다.

튜링 패턴

연구자들은 그 해답을 동료와 상호작용하고 군집을 이뤄 이동하는 철새 떼나 개미 떼 등 자연계에서 찾고 있다. 연구팀은 동전 크기의 로봇에 단지 상호 작용하는 기본 규칙만을 만들었다.

이는 생물학 조직에서 세포와 유사하게 행동하도록 하는 프로그래밍이다. 이러한 생물학적 패턴은 영국 수학자 앨런 튜링의 '반응-확산 방정식(미분 방정식)'을 적용했다. 예를 들어 '형태소'라는 세포 속 요소가 서로 확산하고 반응해 손에 손가락을 배치하거나 표범에 얼룩을 만드는 것과 같은 원리다. 즉 컴퓨터 과학과 생물학의 패턴을 결합해 만들었다.

연구진은 군집 로봇이 오로지 방정식에 따라 움직이게 했다. 로봇 각각에 형태소를 수치를 부여하고 10㎝ 이내 주변 로봇과 적외선으로 주고받은 형태소 정보를 바탕으로 방정식을 풀도록 했다. 각각의 로봇에 형태소를 부여하고 적외선 신호를 사용해 10cm 범위에서 다른 로봇과 통신하면서 튜링의 반응-확산 방정식을 풀도록 했다.

실험 동영상

다음 동영상을 보면 군집 로봇의 실험은 평균 3시간 반 동안 지속됐다. 생물학에서 영감을 얻은 로봇은 형태 정보를 담고 있는 가상분자인 모르포겐(morphogen, 다세포동물의 형태형성에 있어서 세포에 위치정보를 주는 기능이 있는 화학물질의 총칭)을 저장한다.

색상은 개별 로봇의 모르포겐 농도를 나타낸다. 녹색은 매우 높은 모르포겐 값을 나타내고, 파란색과 보라색은 낮은 값을 나타내며, 색상은 로봇의 모르포겐의 가상 부재를 나타낸다.

각 로봇은 10cm 범위에서 이웃 로봇과 통신하면서 모르포겐 농도가 낮은 로봇이 농도가 높은 로봇 쪽으로 모여들었다. 또한 방정식 수치를 조절하면 돌출 부위가 자라나기도 했다. 이를 '튜링 스팟(turing spots)'이라고 불린다. 특히 돌출 부위를 인위적으로 끊어내면 돌출 부위가 다시 자라거나 다른 곳에서 새롭게 돌출 부위를 만들어냈으며, 군집 가운데를 반으로 갈랐을 때도 다시 모여들며 군집을 복구했다.

실험에 쓰인 300대의 로봇이 서로 단순한 상호 작용으로 유기체처럼 로봇이 군집을 이루는 매혹적인 모습은 미리 입력된 마스터 플랜이 없다는 점이다. 그동안 20회가 넘는 실험을 진행했으며, 각 실험에는 약 3시간 30분이 걸렸다.

또한 실제 생물학에서와 마찬가지로 종종 일이 잘못될 수 있다. 로봇이 갇히거나, 무리에서 잘못된 방향으로 빠져나간다. 이러한 점들로 인해 프로젝트가 어려웠다. 이 프로젝트의 초기에는 컴퓨터 시뮬레이션에서 수행되었고, 실제 로봇 군집을 처음으로 수행하기까지 약 3년이 걸렸다.

생물학에서 영감을 얻어 로봇 모양이 손상되어도 스스로 복구하는 모습을 보여주는 이번 연구진의 결과는 실제로 응용할 수 있는 무한한 잠재력을 가지고 있다. 지진이나 화재가 발생한 재난 현장을 탐색하거나 건물이나 지형에 맞게 스스로 임시 다리를 만드는 등 3차원으로 자기 조직화하는 수백 또는 수천 개의 작은 로봇을 상상해보라.

실리콘벨리 IT기업, "상상 현실이 되다"

인지과학(Cognitive Science) 은 인간의 뇌와 마음과 인공지능시스템(Artificial Intelligent Systems) 이 본질적으로 정보처리가 어떻게 일어나는가를 연구하는 학문이다. 즉 인간의 뇌 작동과 행동과정 등을 컴퓨터 인공지능 시스템에서 정보표현과 그 작동 과정을 연구하는 종합적이고, 여러 학문이 융합하는 과학이다. 따라서 인지과학은 심리학, 철학, 언어학, 신경과학, 인류학, 컴퓨터공학, 학습과학, 교육학, 사회학, 생물학, 로보틱스 등의 여러 학문과 관련되어 있다. 이러한 시도는 2000년대에부터 기업들이 기술에 적극적으로 적용하면서 학문의 영역이 더욱 넓어지고 있다.

현재 구글, 애플, 아마존, 페이스북, IBM 등 IT 공룡들이 인공지능(AI)을 둘러싼 치열한 전쟁 한 가운데 잘 살펴보면, 인지과학이 그 핵심으로 자리 잡고 있다.

기업에서 최초로 사용자 경험(User Experience, UX) 을 도입한 애플, 인간의 소비행위에 인지과학 연구 결과물인 다니엘 캐너만의 행동경제학, 특히 인간의 학습이나 추론을 모방한 기계학습(머신 러닝, Machine Learning) 등 세상을 흔들고 있는 이 모든 혁신적인 결과의 바탕에는 인지과학 연구가 깔려 있다.

최근 인지 영역 중 인간의 뇌과 눈, 감각 등에 해당하는 기술과 서비스를 출시한 구글을 눈여겨 봐야한다. 2017년 5월 17일부터 19일까지 개최된 '구글 I/O 2017'에서 순다 피차이 구글 CEO는 인공지능 기술을 결합하는 이른바 'AI 퍼스트 (AI First)'를 선언했다. 특히 이번 구글 I/O에서 머신 러닝 기술 기반 인공지능 비서인 구글 어시스턴트가 탑재된 구글 렌즈가 가장 많은 주목 받았다.

구글렌즈는 스마트폰 카메라로 꽃을 찍으면 꽃을 식별하는데 그치지 않고 꽃의 종류까지 파악하며, 거리의 식당의 사진을 찍으면 해당 식당의 리뷰와 지도 팝업 등 각종 정보를 알려주고 더 나아가 예약까지 돕는다. 또 공유기 뒷면의 제품정보를 촬영하면 와이파이(WiFi) 가 자동으로 연결된다. 이는 센서기술의 미래를 엿볼 수 있는 계기를 만들었다. 기존에는 꽃의 정보를 담은 센서, 코드 리더기, 소매점 식별 도구 등이 필요했으나, 이제는 구글 렌즈가 바로 소프트웨어 기반의 인공지능 가상센서들로 구성된 슈퍼센서로 식별할 수 있다. 즉, 인공지능으로 인해 간단한 센서 하나만 사용해도 소프트웨어로 수백만 개의 다양한 센서를 만들 수 있기 때문이다.

앞으로 수조 개의 센서가 우리 주위에 놓이게 될, '트릴리온(Trillion, 조 단위) 센서 시대'가 성큼 다가오고 있다. 모든 사물이 자신의 정보를 알려주는 각 종 전용센서가 곳곳에 장착되는 것이 아니라 범용 센서만 있어도 클라우드 인공지능으로 모두 연결된다는 얘기다.

실제로 카네기멜론대(Carnegie Mellon University, CMU) 연구원들은 2017년 5월 6일 콜로라도 덴버에서 열린 미국 컴퓨터협회(ACM)가 주최하는 '컴퓨터-인간 상호작용 학회(CHI 2017)'에서 '합성센서 (synthetic sensor)'로도 불리는 '수퍼센서'를 공개했는데, 작업환경에서 주로 사용되는 작은 센서들이 들어있는 상자 형태의 보드를 개발했다. 이 보드는 소리와 진동, 빛, 전자기 활동, 온도 등을 감지해 패턴을 식별하는 데이터가 만들어지고 머신러닝 알고리즘

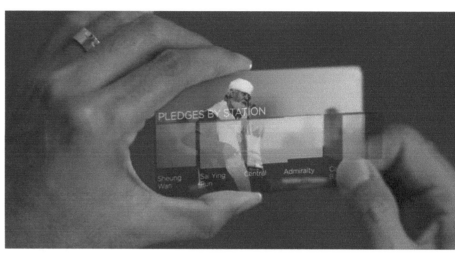

이 이를 처리해 '합성센서'를 만들었다.

욕실에서 종이타월을 뽑아 쓰는 기계가 내는 소리를 분석해 사용한 종이타월 수를 계속 파악하며, 욕실의 물 사용량도 소리로 모니터링 할 수 있다. 즉, 저렴한 범용 센서들을 한 번만 장착하고 연결하면, 이후에는 소프트웨어로 어떤 다양한 합성센서라도 만들 수 있다는 얘기다.

구글은 2014년 7월 29일에 영상 속 사물인식 특허와 클라우드 비디오 인텔리전스 API를 공개했다. 이 특허는 영화나 드라마를 보다가 맘에 드는 옷이나 소품을 발견하면, 영상에서 사물에 대한 정보를 받아볼 수 있는 기술이다. 2017년 3월에는 영상에 등장하는 사물까지 인식한 뒤 검색 결과로 보여주는 새로운 클라우드 비디오 인텔리전스 API(Google Cloud Video Intelligence API-now in Private Beta)를 공개하고 데모버전을 시연했다.

이제까지는 사진이나 그림 등 정지된 자료의 물체만을 구분하던 인공지능이 이제는 동영상까지 이해하기 시작한 것이다. 구글 특허를 보면 텍스트 ▷ 이미지 ▷ 음성 ▷ 동영상까지 진화하고 있다. 앞으로는 촉감과 향기, 냄새, 맛 ▷ 인간의 감정 ▷ 인간의 생각과 마음으로 진화 할 것이다.

기술이란 인간을 끊임없이 게을러지게 만들고 있는 것이 본질이다. 현재 실리콘벨리에는 마치 SF영화와 같은 신세계에나 나올만한 인공지능 기술들이 개발되고 있다. 즉 상상을 현실화 시키는 기업들이 즐비하다. 실리콘벨리 IT 기업들 역시 구글 렌즈와 비슷한 기술과 서비스를 개발하고 있다.

2011년 마이크로소프트가 유튜브에 공개한 'Productivity Future Vision 2011(생산성의 미래 2011)'라는 동영상에서 구글 렌즈의 개념이 나온다. 스마트 기기를 사용하는 한 남자가 지하철역 벽면에 설치된 스마트 광고 디스플레이(Display)에 등장하는 한 인물을 카메라로 찍자 해당 인물에 대한 정보를 클라우드를 통해 사용자 스마트기기에 제공한다.

하지만 마이크로소프트는 가장 먼저 구글 렌즈와 같은 미래 기술을 상상했지만 아직까지 기술을 개발했거나 시장에 내놓지 못하고 있다. 비단 이뿐만이 아니다. 지금의 태블릿PC 개념(Concept)을 마이크로소프트가 가장 먼저 내 놓았지만, 기술과 시장환경이 뒷받침 해주지 않아 실패했다.

애플도 이미 2012년에 구글렌즈와 같은 맥락의 특허를 받았다. 애플의 특허 〈Integrated Image Detection and Contextual Commands(20120083294, 5 Apr 2012)〉는 사용자에게 언제 어디서나 자기가 구매, 인물정보, 책 정보, 영화정보 등을 손쉽게 얻을 수 있도록 해 주는 것으로 CA란 사용자와 주변의 환경을 인식하고 지식을 도출해 정보를 제공한다.

특허 내용을 살펴보면, 차세대 아이 사이트 카메라(iSight Camera)에 텍스트 인식기술인 OCR(optical character recognition)과 바코드 리더/스캐너, 기타 텍스트의 패턴과 얼굴을 감지하는 기술(pattern detection technologies)까지 융합된다. 따라서 벽이나 전시장에 붙어 있는 각종 전시물, 광고홍보물, 영화 포스터, 또는 영상 등을 아이사이트(iSight) 카메라로 촬영하면, 동시에 홍보물에 붙어 있던 QR 코드나 바코드도 함께 찍힌다. 그 다음 iOS 카메라에 내장된 스캐너가 사진을 스캔하고, 사진에 있는 텍스트나 얼굴 등 정보들을 OCR 모듈과 얼굴인식 모듈(FR Module)을 통해 분석해, 최종적으로 문맥의 패턴과 얼굴이 누구인지를 찾아낸다.

애플 역시 2012년 특허 등록 이후로 아직까지 관련 기술이 세상에 나오고 있지 않다. 그러나 애플은 워낙 비밀 프로젝트를 진행하기로 유명하기에 어쩌면 구글 렌즈를 뛰어넘는 준비를 하고 있는지도 모른다. 최근 애플은 구글 인공지능 기반 프로세서 칩 '텐서 프로세싱 유닛(TPU)'와 엔비디아 인공지능 칩과 같은 독자적인 인공지능 전용 칩을 개발 중이다.

'애플 뉴럴 엔진'으로 불리는 이 칩은 이미 아이폰 버전을 테스트한 것으로 알려졌다. 그동안 애플 제품에서 인공지능 처리는 메인 프로세서 칩과 그래픽 칩 두 가지를 사용해 처리 했지만, 새로 설계된 전용칩 '뉴럴 엔진' 하나로 작업을 처리할 수 있다. '애플은 뉴럴 엔진'을 얼굴인식, 음성인식, 자율주행차 소프트웨어, 증강현실, 시리, 아이 클라우드 등에 적용해 인공지능 분야에서 한발 앞서 가고 있다고 평가받는 구글과 아마존을 단숨에 뛰어 넘겠다는 전략이다.

위에서 살펴본 구글, 애플, 마이크로소프트와 미국대학들의 이 같은 프로젝트는 어디서부터 출발해서 상상을 현실화 시키고 있는 것일까? "눈으로 보고 귀로 들으면 알 수 있는데 왜 항상 만져봐야 해? 그것도 자세히 알려주고 만져봐야 알지?"라는 질문에서 시작된 인간에 대한 깊은 이해와 상상을 통해 통찰을 얻은 것은 아닐는지. "기술에 철학을 담는다는 것, 바로 경쟁력이며 생산성이다."

앞으로 인공지능 시장 경쟁이 더욱 치열해질 것으로 전망되는 가운데, 이번 구글 렌즈 공개는 단순히 새로운 서비스 발표 이상의 의미를 가지고 있다. 그동안 구글이 추진하고 있는 방향을 그대로 드러낸 것으로 분석된다. 글로벌 IT기업들은 인간이 상상할 수 있는 모든 것들을 기술을 통해 하나하나 현실시키고 있다.

참고자료

· Youtube, Productivity Future Vision (2011)
· 차원용, 애플의 'Powerful Pattern Detection & Facial Recognition of Image Coming to iOS Cameras'
· IT NEWS(차원용 글 '구글, 영상 속 사물인식 특허와 클라우드 비디오 인텔리전스 API 공개')
· Computerworld, Mike Elgan 'Google, A.I. and the rise of the super-sensor'
* ACM Digital Library, 'Synthetic Sensors: Towards General-Purpose Sensing'

애플, 자율자동차 운전자 의도 파악해 주차

애플이 '타이탄(Titan)' 프로젝트라는 자율주행자동차 개발을 진행 중인 가운데, 운전자의 의도를 짐작하고 최적의 위치에 주정차 할 수 있는 새로운 기술 특허를 출원해 관심을 끌고 있다.

이 특허는 미국 특허청에 6월 14일 자로 〈의도 신호를 이용한 목적지 주변의 자동 운전 자동차의 유도법 (guidance of autonomous vehicles in destination vicinities using intent signals)〉이라는 제목으로 특허 출원을 공개했다.

이 특허 핵심은 '의도 신호' (Intent Signals) 기술이다. 예를 들어 대화 형식의 주차 명령인데, 대형 상점 근처에서 운전자가 "오늘은 정원에 심을 식물을 사고 싶다"고 말을 하면 자동 운전 자동차는 사용자의 의도를 파악하고, 단지에서 '정원' 코너 가장 가까운 주차 공간에 주차한다.

또 다른 '의도 신호' 기술 주차 예로 자동차 밖에서 주차 장소를 유도하는 방법도 나와 있다. 운전자가 자율주행자동차 밖으로 나가서 적당한 주차 공간을 찾아 "여기, 여기"라고 유도하면 이를 알아듣고 주차를 한다. 이때

→ 라이다(LIDAR) 6대를 정착한 애플 자율자동차 시운전 모습.

유도는 스마트폰 화면에서 지시하는 것이 아니라 손으로 원하는 위치를 가리켜 마치 평소 인간 운전자에게 손짓으로 유도하는 것과 같은 방식이다.

또한 스마트폰의 가속도 센서 등도 활용된다. 주차를 원하는 장소를 스마트폰을 사용해 대략적인 범위를 지정하면, 자율주행 자동차가 이미 정차하고 있는 다른 자동차 등을 장애물로 인식하고 피한 다음 운전자의 의도에 가장 적합한 장소를 찾아 주차한다.

이 특허는 드롭다운 메뉴를 사용해 정확한 목적지를 설정한다. 예를 들어, 운전자가 "사무실에 가자"라고 말하면 자율주행 자동차는 사무실 근처, 회의실 또는 회사 카페테리아 근처에 주차 할 수 있는 옵션을 제공한다.

운전자는 심지어 밖에서 터치 및 제스처를 사용해 "아니, 거기 말고, 그 주차 공간, 여기"라고 유도할 수 있다. 주차장에서 다른 차량들이 많이 들락날락한 경우 주차할 때 유용할 수 있다.

애플은 "자율주행 자동차는 운전자의 평소 행동 패턴에서 의도를 읽고, 가장 좋아하는 주차 공간 등을 파악해 운전자가 원하는 위치에 주차할 수 있게 될 것"으로 기대하고 있다.

인간과 자연을 닮은 로봇

최근 미국에서 SF영화의 한 장면 같이 한국 로봇기업 한국미래기술 (Korea Future Technology) 이 만든 거대 이족 보행 로봇 '메소드-2 (METHOD-2)' 를 아마존 최고 경영자인 제프 베조스 (Jeff Bezos)가 탑승해 시험 운행을 하면서 화제에 올랐다.

로봇(Robot)은 어떻게 탄생했고 어디까지 진화할 것인가? '로봇' 이라는 이름은 공식적으로 체코의 20세기 극작가인 캐럴 캐펙(Karel Capek,1890-1938)에 의해 창시되었다. 당시 1920년에 시나리오를 쓰고, 1921년에 공연한 작품인 R.U.R.(Rossum's Universal Robots)에서 최초로 '로봇' 이라는 용어를 사용했다.

하지만 로봇이라는 단어는 그의 형이자 예술가인 조셉 캐펙(Josef Capek, 1887-1945)이 제일 먼저 사용했다. 이 당시의 로봇은 체코 언어로 로보타(Robota) 였다. 이는 노동(Labor)을 뜻하는 단어로 체코의 소작농을 의미하는 노예일꾼의 뜻으로 로봇(Robot) 또는 로봇니크(Robotnick)라는 용어로 1960년대에 사용됐다.

최초로 인간형 로봇을 디자인한 사람은 1495년 레오나르도 다빈치(Leonardo da Vinci, 1452 - 1519)로 추정된다. 1950년경에 다빈치의 노트가 재발견됐는데, 그 노트에는 기계적인 모습의 기사가 스케치로 자세히 묘사돼 있었다. 스스로 앉았다 일어서고 팔을 휘두르며 머리를 흔들고 턱을 흔드는 모습이 그려져 있다. 이 디자인은 다빈치의 '비트루비우스의 인간(Vitruvian Man)' 에 묘사된 해부학적 연구에 기초한 것이다. 실제로 다빈치가 로봇을 만들려고 했는지는 잘 알려져 있지 않다.

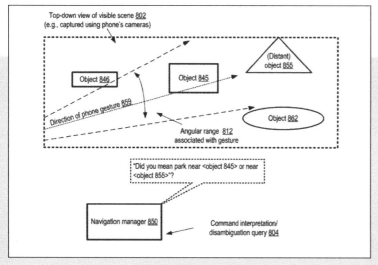

Top-down view of visible scene 802
(e.g., captured using phone's cameras)

Object 846

Object 845

(Distant)
object 855

Direction of phone gesture 859

Object 862

Angular range 812
associated with gesture

"Did you mean park near <object 845> or near
<object 855>"?

Navigation manager 850

Command interpretation/
disambiguation query 804

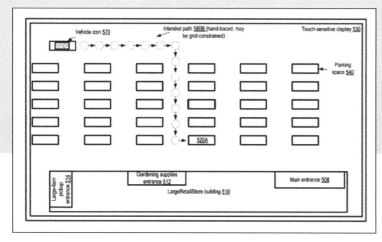

Vehicle icon 570

Intended path 580B (hand-traced, may
be grid-constrained)

Touch-sensitive display 530

Parking
space 540

520A

Large-item pickup entrance 514

Gardening supplies
entrance 512

Main entrance 508

LargeRetailStore building 510

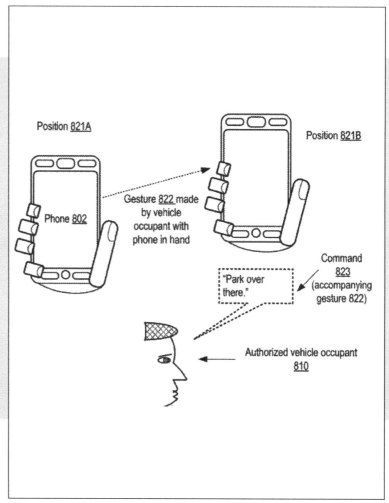

Position 821A

Phone 802

Position 821B

Gesture 822 made
by vehicle
occupant with
phone in hand

"Park over
there."

Command
823
(accompanying
gesture 822)

Authorized vehicle occupant
810

이후 최초의 기능 로봇이 1739년 프랑스 엔지니어 '자크 드 보캉송(Jacques de Vaucanson)'에 의해 만들어졌다. 그는 플루트를 불 수 있는 인조 인간과 물을 먹고 오물을 치울 수 있는 기계 오리를 만들었다. 그리고 현재까지 기술혁신이 거듭되면서 인간들은 이제 공상과학 소설이나 영화에서 나오는 것처럼 인간이 만든 로봇들에 의해 제거될 것이라는 두려움에 떠는 이들도 생겨났다.

그도 그럴 것이 인공지능이 로봇 몸체에 탑재되기 시작한 것이다. 쌀알만한 크기의 컴퓨터가 발명 되면서 상상은 현실이 되기 시작한 것이다. 이미 각종 방송이나 신문에서 나오는 것처럼 일정 부분에서는 이미 인간을 앞질러 가 있기 때문이다. 가장 문제가 되는 것은 인간처럼 스스로 사고하며, 자율적인 학습능력을 가지는 자율학습 로봇인 로보 사피엔스(Robo Sapiens)가 될지도 모른다는 예측 때문이다

지금부터 영화 속 내용이 아닌 실제로 발명했거나 또는 개발 중인 로봇을 살펴보자. 그 중에서도 인간을 닮고 자연을 모방한 로봇을 중심으로 알아보자.

오늘날 대형병원에서 사용되는 수술용 로봇이나 우주정거장에서 사용되는 로봇 중 일부는 500년 전 다빈치의 설계에서 비롯된 것들이 많다. 다빈치의 인체 해부도는 인간을 정확하게 이해하고 있다. 인간의 팔다리를 움직이는 원리를 설명한 자료들, 근육과 뼈의 모양과 역할, 특징 등이 아주 자세히 기술되어 있다. 이는 인간을 깊이 이해해야 한다는 얘기다.

수많은 로봇 중 인간의 구조와 기능을 닮은 로봇 중에 인간의 근육(Muscles)을 닮은 로봇들이 있다. 2005년 미국 우주항공국의 제트추진연구소(NASA JPL) 가 개최한 로봇 팔씨름 대회에서 우승을 차지한 'ERI(European

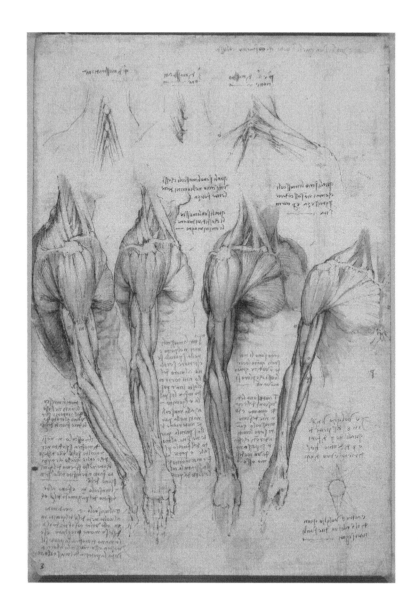

← 사진출처: Royal Collection Trust/
© Her Majesty Queen Elizabeth II
2017

Robotic Institute)’ 회사가 개발한 ‘EWA-1’이다. 이 로봇은 인간의 근육 섬유질처럼 6개의 전기가 통하는 흑연 섬유들에게 전지 자극으로 수축과 이완을 시켜 힘을 내게 한다.

또 도쿄공업대학(Tokyo Tech University)과 오카야마 대학(Okayama University) 이 협력해 만든 벤처기업 ‘S-근육(s-muscle)’이 개발한 인공근육은 공기압으로 작동하는데 가늘고 세밀한 인공근육 튜브 내부에 공기를 공급해 수축과 이완을 한다. 이러한 방식은 1960년대 의수를 구동하는 장치로 미국에서 개발됐으나 당시에는 공기를 조절하는 밸브의 제어 성능이 우수하지 않아 관심이 많이 없었다. 그러던 중 1980년대 일본 브리지스톤 (Bridgestone) 사에서 개량된 인공근육을 이용한 로봇팔을 출시하면서 다시 인공근육에 대한 연구가 로봇, 의공학 분야를 중심으로 활발해지고 있다.

최근 일본 AIST(산업기술총합연구소, Advanced Industrial Science and Technology) 소재화학 과학자들이, 점점 줄어드는 벌의 개체 수에 따라, 꽃들이 수정이 잘 안되자, ‘로봇드론벌(robot bee drones)’을 만들어 꽃가루를 인공 수정해 작물의 수확문제를 해결하고자 한다. 재료공학으로 만든 인공 꽃가루 매개자(Materially engineered artificial pollinators) ‘로봇드론벌’은 실제 벌이 갖고 있는 털 몸을 모방해 말 털을 입혔다. 또한 말 털에는 이온 액체 젤로 코팅해 꽃잎의 수분을 빨아 들여 들러붙게 한다.

그런데 이 이온 액체 젤은, 전도체로 만들려다 실패한 것을 사용했다. 이를 과학분야에서는 ‘준비된 우연’이라는 뜻으로 ‘세렌디피티(Serendipity)’ 효과라고 한다. 우리가 생각하는 우연이라는 것도 끈질긴 연구의 결과로 얻어지는 것이다. 목표를 설정하고 포기하지 않고 줄기차게 매달리면 어느 시점에는 분명코 기존 목표보다 더 큰 ‘세렌디피티’ 효과가 나타날 것이다.

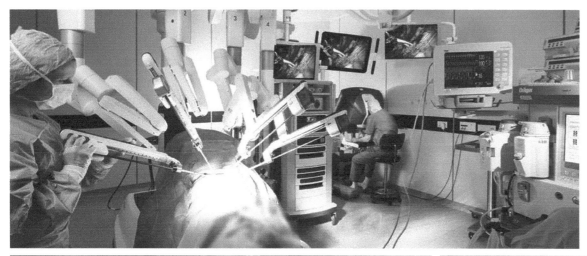

← 사진출처: ERI_European
  Robotic Institute

╱ 사진출처: s-muscle.com
╲ 사진출처: Phys.org. Credit_
  Dr. Eijiro Miyako

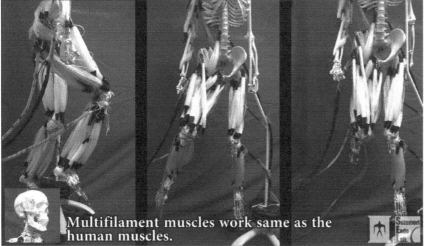

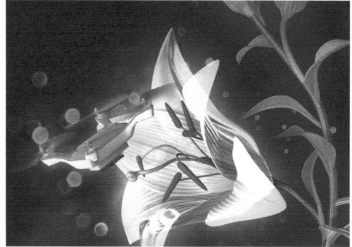

자연을 보방한 로봇기술 회사로는 독일 페스토 BLN(Festo Bionic Learning Network) 연구소다. 이 연구소는 자연을 담은 로봇으로 자연을 재탄생 시키고 있다.

페스토는 목공용 도구를 생산하던 회사로 현재 세계 최고 품질의 기술을 보유 산업용 자동화 장비와 부품들을 만들어 전세계 176개국에서 산업자동화의 기술을 선도하고 있다. 특히 부속 연구기관으로 설립한 BLN이 자연으로 부터 영감을 얻어 개발한 다양하고 흥미로운 자연모방 제품들은 기술 및 산업에 새로운 아이디어를 제공하고 있다.

페스토 BLN이 만든 로봇들은 자연 속의 다양한 동물, 곤충으로부터 영감을 받아 개발한 Bionic ANTs(개미), eMotion Butterflies(나비), 도마뱀이 혀로 곤충을 사냥하듯 사물을 자유자재로 흡착하는 공압그리퍼(Flex Shape Gripper), Bionic Kangaroo(캥거루), Bionic Opter(문어), 갈매기의 형상과 움직임을 응용해서 구현된 로봇인 Smart Bird, 사람 손의 근육과 뼈, 관절의 움직임을 그대로 구현한 Exo Hand(손), 펭귄의 물속 움직임을 그대로 로봇에 접목하고 날지 못하는 새 펭귄을 비행시키는데까지 성공한 Bionic Penguin(펭귄), 심지어는 말 그대로 바다의 파도를 조절하는 Wave Handling 등 그야말로 셀 수 없을 정도로 무궁무진하다.

그야말로 신의 영역으로 향해가고 있는 페스토 BLN의 행보와 페스토의 기술력에 찬사를 보내지 않을 수 없다.

심지어 일본 도호쿠대학(Tohoku University) 공대의 로봇학과와 호쿠리쿠 첨단과학기술대학원대학(JAIST)의 물질과학과의 과학자들이 DNA의 신호에 따라 단백질 모터로 형태(모양)를 바꾸는(shape-changing) 세포크기와 비

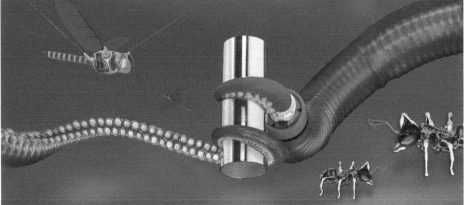

슷한 20,000나노(20μ)의 분자로봇을 개발했다. 이는 분자로봇시스템(a molecular robotic system)이 DNA의 신호를 인식하고 형태 변화 기능(shape-changing function) 을 제어 할 수 있는 최초의 사례다. 이것이 의미하는 것은 분자 로봇들이 가까운 장래에 조직이나 세포 등 살아있는 유기체들(living organisms) 과 유사한 방식으로 상호작용 할 수 있다는 것이다.

향후 이를 더욱 정밀하게 개발한다면, 세균이나 바이러스를 잡는 백혈구 로봇, 조직이나 세포 안에서 센서/프로세서/구동체 등의 역할을 하는 분자로봇, 화학이나 인조생물학에서 사용할 차세대 다양한 분자기계 등을 만들 수 있는 획기적인 발판을 마련한 것이다.

또 2016년 노벨화학상은 머리카락 하나의 1/1000 두께에 해당하는 분자기계를 개발한 공로로, 장 피에르 소바주(Jean-Pierre Sauvage), 프레이저 스토다트(Sir J. Fraser Stoddart), 베르나르트 페링하(Bernard L. Feringa)에게 돌아갔다. 그들은 분자들을 연결해, 미세한 승강기(lift)에서부터 모터와 근육에 이르기까지 모든 것을 설계하는 데 성공했다.

구글에서 인공지능 개발을 지휘하고 있는 진보적 미래학자인 레이 커즈와일 (Ray Kurzweil) 은 2015년 9월 30일 특이점 대학(Singularity University) 에서 가진 강연을 통해 인간진화 다음 단계가 "2030년에 나노봇을 인간 뇌에 이식해 뇌와 인터넷을 연결시키는 시대가 온다. 이렇게 되면 신과 같은 초월적인 지능을 갖게 된다(In The 2030s, Nanobots In Our Brains Will Make Us 'Godlike')." 라고 말했다. 이 때 나노봇이란 DNA 이중 가닥으로 만들어진 나노크기의 로봇을 말한다. 즉, 2030년에는 나노봇이 이식된 두뇌와 클라우드가 연결하는 미래의 학습과 먹는 지식 약이 등장한다는 얘기다.

레이 커즈와일은 "DNA로 된 나노로봇이 주입된 인간의 뇌와 클라우드를 연결시키면 인간의 생각이나 기억을 저장할 수 있고, 이는 인간의 논리적 지능과 감성 지능을 확대시켜 줄 것"이라고 주장한다.

따라서 현재는 융합이 대세다. 전자와 생물이 만나는 생물전자(Bio-electronic)에 이어 이제는 로봇과 생물이 만나는 생물로봇(Bio-robot) 시대가 오고 있는 것이다. 그리고 그 연결고리는 역시 나노기술과 바이오 기술이다. 우리도 이러한 융합연구를 도전해 성공하면 미래 먹거리를 확보하고 노벨상도 바라볼 수 있다. 아직도 배우고 모방할 것이 셀 수없이 많은 자연이라는 보물창고를 지금부터라도 잘 관찰해 보자.

참고자료

IT News. http://itnews.or.kr
차원용·유영민 〈상상현실이 되다〉 2015
네이처 (Nature, https://www.nature.com)
사이언스 (Science, http://www.sciencemag.org)

노벨 과학상을 말하다.

노벨 과학상은 물리학상, 화학상, 생리·의학상, 경제학상, 문학상, 평화상 등 6개의 분야 중 물리학상, 화학상, 생리·의학상 등 과학분야 노벨상을 말한다. 과학자들의 꿈이자 세계에서 가장 권위 있는 지적 분야의 상으로 수상자들의 자부심은 대단하다. 노벨의 유언에 따라 물리학상과 화학상은 스웨덴 왕립과학학술원에서, 생리·의학상은 스웨덴 카롤린 의학연구소에서 수여한다. 수상자에게는 노벨상의 상징인 금메달과 상장, 그리고 상금은 900만 스웨덴 크로나(약 12억7천만 원)가 주어진다.

특히 2017년 노벨 과학상은 인류에 있어서 큰 의미가 있다. 노벨물리학상과 노벨 생리의학상, 노벨 화학상을 알아보자.

노벨물리학상은 아인슈타인이 100년 전에 주장한 중력파의 존재를 실제로 확인한 미국 과학자 3명에게 돌아갔다. 스웨덴 왕립과학원 노벨위원회는 3일(현지시간) 중력파의 실체를 밝힌 라이고(LIGO) 연구팀인 라이너 바이스(Rainer Weiss) 매사추세츠공과대 명예교수와 배리 배리시(Barry C. Barish) 캘리포니아공과대학(캘텍) 교수, 킵 손(Kip S.

Thorne) 캘텍 명예교수 등 3명에게 올해 물리학상 수상자로 선정했다고 밝혔다.

중력파란 큰 별이 폭발하거나 블랙홀이 생성되는 등 중력 변화에 따라 발생하는 파동의 일종으로 잠시 시간과 공간을 일그러뜨리는 것으로 알려졌다. 마치 잔잔한 호수에 돌을 던지면 물결이 생기듯이 중력에 큰 변화가 생기면 인간의 '시공간'에도 파동이 생긴다. 이 때문에 흔히 '시공간의 물결'이라고 부르기도 하며 우주 탄생의 비밀을 풀어줄 열쇠로 알려지고 있다.

2015년 9월 14일 첫 번째 발견된 중력파는 13억광년 떨어진 우주에서 날아온 중력파가 미국 루지애나주에 있는 레이저 중력파 관측소 라이고(LIGO)에 포착되며 인류는 이론상으로만 존재하던 중력파의 실체를 확인하게 된다. 중력파 검출은 우주를 바라보는 새로운 눈을 발견한 것으로 당시 인류는 흥분의 도가니에 빠졌다. 그로부터 약 3개월이 지난 2015년 12월 26일 새벽 3시 38분 53초 라이고(LIGO) 연구진을 비롯한 유럽 5개국 과학자들로 이뤄진 비르고(VIRGO) 연구진은 루지애나주 리빙스턴과 워싱턴주 핸포드에 있는 두 곳의 쌍둥이 LIGO 관측소에서 두 번째 중력파 검출에 성공하게 된다.

지구에 도달한 두 번째 중력파(GW151226)는 첫 번째 중력파(GW150914)보다 1억광년 더 먼 곳인 14억광년 밖에서 날아온 파동이었다. 첫 번째 발견된 중력파의 근원지는 마젤란은하 방향 13억광년 떨어진 지점으로 당시 각각 태양의 질량 36배와 29배의 블랙홀 2개가 서로 충돌해 합쳐지면서 방출된 중력파가 지구에 도달한 것이다. 두 번째로 발견된 중력파 GW151226은 첫 번째와 마찬가지로 두개의 블랙홀이 합쳐지면서 발생된 중력파이다. 각각 태양 질량 14배와 8배의 블랙홀로 첫 번째 중력파 블랙홀들(36배/29배)보다 작은 형태의 블랙홀이다.

현재 라이고(LIGO)의 성능은 업그레이드 중으로 연구진들은 블랙홀뿐만 아니라 중성자별끼리의 충돌이나 초신성 폭발 시 방출되는 중력파 또한 포착하는 것을 목표로 하고 있다.

이번 라이고 팀의 노벨물리학상 수상은 커다란 의미가 있다, 그동안의 우주 관측은 가시광선을 이용한 광학 망원경이 우주를 내다보는 첫 번째 창이었다면 더 멀고 더 오래된 신호를 포착하는 전자기파를 이용한 전파 망원경이 있었다. 하지만 전자기파는 다른 물질들과의 상호작용이 활발해서 이를 뚫고 나오기가 어려워 약 30억년 밖에 관측이 어려웠다. 반면 중력파는 블랙홀끼리 충돌해 더 큰 블랙홀이 생기는 것을 관측하는 데 성공함에 따라 주변 물질과 상호작용이 거의 없는 중력파 망원경을 만든다면 우주 생성 초기까지도 볼 수 있을 것이다. 이러한 인류의 중력파 발견은 앞으로 천문학의 지평을 확장하는 데 엄청난 영향력을 미칠 것이다. 즉, 보이지 않는 세계를 열어준다는 뜻이다.

노벨 생리의학상에는 생체리듬을 제어하는 분자 메커니즘을 연구 한 3명의 과학자가 을 수상했다. 주인공은 메사추세츠 주 월섬의 브랜다이스 대학의 제프리 홀(Jeffrey Hall)과 마이클 로즈바쉬(Michael Rosbash), 뉴욕시 록펠러 대학의 마이클 영 (Young Young) 등 미국 과학자 3명에게 돌아갔다.

생물들은 하루 중의 환경변화를 예상하고 그에 적응한다. 18세기의 천문학자 장 자크 도르투 드 메랑은 미모사를 관찰하던 중, 잎이 낮에는 태양을 향해 열리고 밤에는 닫힌다는 사실을 알게 되었고 연구 결과, 미모사는 햇빛을 받든 말든 식물들은 자신만의 생체시계를 갖고 일상적인 잎의 개폐운동을 계속하는 것으로 밝혀졌다.

다른 연구자들도 식물뿐만 아니라 동물과 인간도 생체시계를 갖고 있어서 하루의 변화에 대응하여 생리활동을 준비하는 데 도움을 받는다는 사실을 발견했다. 그들은 이런 규칙적인 적응을 생체리듬(circadian rhythm)이라고 불렀다. 그러나 생체시계가 작동하는 메커니즘은 여전히 밝혀지지 않았다.

1970년대에 시모어 벤저와 그의 제자 로널드 코노프카는 초파리를 대상으로 생체리듬을 제어하는 유전자를 찾아내는 연구에 착수했다. 그들은 미지의 유전자에 돌연변이가 발생할 경우 생체시계가 교란된다는 것을 증명하고, 그 유전자에 '피리어드(period)'라는 이름을 붙였다. 그러나 그 유전자가 생체리듬에 영향을 미치는 메커니즘을 밝혀내지는 못했다.

그런데 올해 노벨상 수상자들 역시 생체시계의 작동 메커니즘을 알아내고자 초파리를 연구하고 있었다. 1984년 브랜다이스 대학교의 동료 제프리 홀과 마이클 로스바쉬, 그리고 록펠러 대학교의 마이클 영은 period 유전자를 분리해 내는 데 성공했다. 뒤이어, 제프리 홀과 마이클 로스바쉬는 피리어드 유전자가 코딩하는 PER 단백질을 발견하고, 그것이 밤에는 축적되고 낮에는 붕괴된다는 사실을 알아냈다. 즉, PER 단백질의 농도는 생체리듬에 맞춰 24시간 주기로 변화하는 것으로 밝혀낸 것이다.

노벨 화학상은 용액 속 생체분자 구조를 고화질로 이미징 할 수 있는 '저온 전자현미경(Cryo-EM)'을 개발한 스위스 로잔(Lausanne) 대학교의 생물 물리학 명예 교수 자크 두보쉐(Jacques Dubochet), 미국 컬럼비아 대학 생화학 및 분자 생물 물리학 교수 요아킴 프랑크(Joachim Frank), 영국 케임브리지대학 리처드 헨더슨(Richard Henderson)에게 돌아갔다.

이들이 개발한 저온 전자현미경(cryo-electron microscopy)은 생체분자의 이미징을 단순화함과 동시에 향상시킴으로써, 생화학에 새로운 시대를 가져왔다는 평이다. 따라서 생명체의 복잡한 기구들에 대한 상세 이미지를 조만간 원자 수준의 해상도로 보게 될 것으로 보인다.

뭔가를 이해하는 데 핵심적인 열쇠는 이미징이다. 획기적인 과학발전은 종종 인간의 눈에 보이지 않는 물체를 볼 수 있는 것을 기초로 하여 이루어진다. 그러나 그동안 기존의 기술로는 생체분자의 움직임 중 상당부분을 이미징화 하는 데 어려움이 많았다. 하지만 저온 전자현미경은 이 모든 것을 바꿨다. 이제 연구자들은 움직이는 생체분자를 볼 수 있어 생화학의 기초를 이해하고 의약품을 개발하는 데 결정적이다.

그간 전자현미경은 오랫동안 '죽은 물질'을 영상화하는 데만 적당하다고 여겨져 왔다. 왜냐하면 강력한 전자빔은 생체물질을 파괴하기 때문이다. 그러나 1990년, 리처드 헨더슨(Richard Henderson)은 전자현미경을 이용해 원자 해상도의 단백질 3D 이미지를 만드는 데 성공했다. 요아킴 프랑크는 전자현미경 기술을 일반적으로 적용할 수 있도록 만들었다. 그는 1975년부터 1986년 사이에 전자현미경으로 단백질의 흐릿한 2D 이미지를 선명한 3D 이미지로 생성해 이 기술의 획기적인 잠재력을 입증했다. 자크 두보쉐는 전자현미경에 액체물(liquid water)은 전자현미경의 진공 상태에서 증발해 생체분자를 붕괴시키는 게 일반적이지만, 1980년대 초반 물을 유리질화 하는 데 성공했다. 즉, 그는 물울 신속하게 냉각시켜, 생물표본 주변을 둘러싸는 액체상태로 고정시켜 생체분자가 진공 상태에서도 자연 상태를 유지하도록 했다.

이러한 발견으로 전자 현미경은 2013년에 원자 수준의 해상도에 도달해 생체분자의 3차원 구조를 일상적으로 생성 할 수 있다. 특히 지난 몇 년 동안, 과학 문헌들은 항생제 내성을 일으키는 단백질에서부터 지카 바이러스 증의 표면에 이르기까지 모든 것을 이미지로 볼 수 있다. 생화학은 현재 폭발적인 발전을 앞두고 있으며 더욱 더 흥미진진한 미래를 준비하고 있다.

한편, 올해도 수상자 명단에 한국인 이름은 없었다. 올해 노벨화학상을 기대했던 성균관대 화학공학·고분자공학부 박남규 교수는 아쉽게 수상에서 실패했다. 박교수는 2012년 오랜 시간 안정적으로 구동하는 고체형 폐로

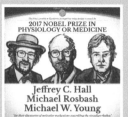
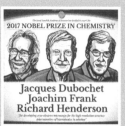

←사진출처: Adam Baker/Flickr

↖사진출처: 노벨위원회

↗사진출처: Ligo

브스카이트(perovskite) 태양전지를 개발해 학계에 보고했다. 이후 관련 논문 수가 기하급수적으로 증가해 2016년에만 2000편 이상의 연구결과가 발표됐다.

가까운 일본의 경우, 노벨상이 제정된 지난 1901년 이후 과학분야 노벨상에 20명의 수상자가 나왔다. 외국 국적이지만 일본출신은 4명에 이른다. 중국도 외국 국적이지만 중국 출신 과학자들까지 과학분야 노벨상 수상자가 10여명에 이른다.

매년 노벨상 수상자가 발표되는 시기에 기초과학이 튼튼하지 못한 우리나라는 자책과 반성이 뒤따르고 있다.

차세대 정보통신기술인 양자통신 어디까지 왔나?

전 세계 국가들이 양자통신 기술을 기존의 정보통신 기술의 한계를 극복할 수 있는 차세대 통신기술로 선정하고 국가 경쟁력 확보를 위해 역량을 집중하고 있다. 현재 양자통신 기술은 빠른 속도로 발전하고 있어 수년 내 상용화가 이루어져 관련 시장이 크게 형성될 것으로 전망된다.

세계 각국도 아래와 같이 양자통신 기술성과를 이루며 양자통신 실용화에 박차를 가하고 있다. 현재 미국을 비롯해 영국, 스위스 등 유럽과 중국, 일본에서도 연구가 활발하게 이루어지고 있다. 국내 역시 삼성전자와 KT, SK텔레콤 등이 관련 분야 기술을 지속해서 개발하고 있다. 글로벌 리서치 기관들은 2025년에는 약 1조4000억 원 규모의 시장을 형성할 것으로 전망, 잠재력이 매우 큰 산업으로 떠오르고 있다.

양자통신이란 무엇인가?

양자통신은 양자(Quantum)들이 가지고 있는 중첩과 얽힘을 이용한 통신이다. 기존의 통신이 주로 빛을 이용한 전자기파의 파장 또는 진폭이 차이로부터 통신한다면, 양자통신은 양자 또는 빛의 편광성 또는 간섭현상을 이용해 정보를 하나하나 구분하는 통신하는 방식이다. 양자 암호는 송, 수신자 외에 외부에서 개입 시 그 순간 암호가

변질되는 특성이 있어 해킹 자체가 원천 봉쇄되는 차세대 통신기술로 떠오르고 있다.

양자는 에너지의 최소 단위로 중첩, 얽힘, 불확정성이라는 3가지 특성을 갖는다. 그 중 양자 얽힘 (entanglement)을 이용한 양자통신 원리는 BBO(Bata Barium Borate) 결정에 레이저를 쪼여서 두 갈래로 광자들이 나오게 한다. 두 광자는 본래 하나의 광자이므로, 편광이 아무리 멀리 떨어져 있어도 상호 관련이 있는 '벨쌍'이라는 상태로 표현할 수 있다. 어떤 사람이 두 광자중 하나의 편광을 측정해 수평편광(편광의 한 상태)이 나오면, 아무리 멀리 떨어져 있어도 다른 나머지 하나의 광자는 순식간에 수직편광(편광의 다른 한 상태)이 된다. 반대의 경우도 다른 광자의 편광상태가 밝혀지면 자동으로 나머지 한 광자의 상태가 똑같은 원리로 결정된다. 측정 전에 편광은 미리 정해져 있지 않다는 얘기다.

상식적으로 말이 안 되고 특수상대성 이론을 아는 사람이라면 어떻게 빛보다 빨리 정보가 전달 되냐며 펄쩍 뛸 얘기다. 그러나 자연에는 이러한 양자 얽힘이라 불리는 이런 신비한 현상이 실존할 뿐 아니라 본질적이라고 말할 정도로 아주 흔하다는 것을 알게 되면 놀랄 일이다.

그렇지만 이 양자얽힘을 이용해 정보를 초광속으로 보내는 것은 불가능하다. 측정의 결과로 나오는 '광자의 편광'은 무작위로 결정되기 때문이다. 대신 측정을 반복해 나오는 난수의 해석 순서를 난수표(원타임 패드)를 사용해 암호에 사용할 수 있는데 이것이 양자암호의 이론적 기초다.

세계 각국의 양자통신 개발 현황

지난 6월, 중국은 독자 개발한 세계 첫 양자위성 무쯔(墨子·Micius) 호에서 북부 칭하이성의 더링하에서 1

천200㎞ 떨어진 남부 윈난성의 리장 2곳 간의 과학기지에 얽힘 상태의 양자를 전송하는 데 성공했다. 이어 연구팀은 현재 사용자를 대상으로 양자통신망 상용화를 위해 양자통신 시범서비스를 계획하고 있다. 올 초부터 50여 개 항목을 테스트를 진행, 약 5만1000건의 정보 전달 성공률이 99%에 달한 것으로 알려져 세계를 놀라게 했다.

미국 항공우주국(NASA)는 2013년부터 560km 거리의 양자암호통신 네트워크를 구축 중이다. 또 미국 매직큐 테크놀로지(MagicQ Technologies)사는 2003년 120km 거리의 양자암호통신 시스템을 상용화했으며, 이 회사 양자암호 시스템은 수출통제 품목으로 지정되어 있다. 독일도 막스플랑크 연구소가 2015년 144km 거리의 무선양자암호통신 실험에 성공했다.

일본 NTT 역시 2015년 양자메모리가 없는 장거리 양자암호 전송 이론을 개발했다. 일본 정보통신연구기구(NICT)도 2010년에 도쿄 양자암호통신 네트워크(JGN2 Plus)를 구축하고, 2012년 45km 거리의 양자암호화 동영상 전송 실험에 성공했다. 2016년에는 무인드론 제어용 양자암호통신 실험에 성공했다. 이 밖에 스위스 ID퀀티크(id Quantique)가 2002년에 세계 최초 양자암호통신 상용화에 성공했으며, 북한도 2016년에 양자암호통신 기술개발에 성공했다고 발표한 바 있다.

양자센서 분야도 미국 방위고등연구계획국(DARPA)이 양자 기반 측위 플랫폼을 개발 중이다. 미국 공군연구소도 양자 관성 센서를 이용한 GSP를 개발 중이다. 미국 캘리포니아대 산타바바라(UCSB)에서는 양자점을 이용한 이미지 센서를 개발하고, 차세대 초민감성 바이오 센서를 개발 중이다. 영국 애버딘(Aberdeen)대학은 자원탐사용 양자 중력센서 기술을 개발 중이며, 영국 임페리얼칼리지 런던(Imperial College London)도 해군 잠수함용 양자 가속도계와 새로운 항법장치인 양자 나침반(Quantum Compass)을 개발 중이다.

한국의 양자통신 기술 동향

국내 기술은 현재 세계의 양자통신기술 수준과 비교해 봤을 때, 양자산업 관련 투자나 전문 연구인력이 많이 부족한 상황으로 국내 이동통신 3사를 제외하면 양자기술 개발 업체 대다수가 중소기업이다.

SK텔레콤은 2011년 양자기술연구소 설립하고, 2017년 6월 국내 최초로 양자암호통신 전용 중계 장치를 개발, 분당에서 용인·수원까지 왕복 112Km 구간의 실험망에서 양자암호키를 전송하는 데 성공했다. 이어 7월에는 세계 최소형(5×5㎜) 양자난수생성 칩 시제품 개발에 성공했다.

KT는 한국과학기술연구원(KIST)과 수원 한국나노기술원에 '양자통신 응용연구센터'를 설립할 예정으로 양자암호통신 상용 기술을 공동 연구할 예정이다. KIST는 2005년 국내 최초로 양자암호통신 시스템을 실험실 환경에서 개발했으며, 2013년 국제양자암호학회(Qcrypt)에서 양자암호통신 시스템을 시연했다. 한편 삼성전자는 캐나다 D-웨이브사의 양자컴퓨터와 같은 기술개발을 추진한다.

이처럼 국내도 양자통신 기술개발에 이통사와 삼성전자의 가세로 기술개발 경쟁이 가속화될 것으로 전망되는 가운데, 관련 전문가들은 양자 관련 기술 산업 투자 확대와, 그 이전에 기초과학에 대한 사회적 관심이 확대 돼야한다고 지적하고 있다.

국가의 과학기술 역량 강화를 위해 양자통신과 같은 기초과학 분야는 정부의 적극적인 지원과 투자도 중요하다. 그러나, 무엇보다 중요한 것은 정부와 기업의 투자 역시도 사람, 즉 인재양성이 최우선이다. 이제 정책의 패러다임을 바꿔 장기적인 관점을 가지고 인재 육성에 더욱 힘을 실어야 할 때다.

←출처: 웨이보weibo

↑2017년 7월 21일 SK텔레콤이 5x5mm 크기의 양자난수생성 칩을 개발했다. (출처:SK텔레
콤 제공)

세계 첫 상용 양자컴퓨터 'IBM Q 시스템 원'

4세대 20큐비트 양자컴퓨터··· 올해 뉴욕에 IBM Q 퀀텀 연산 센터 오픈

IBM이 CES 2019에서 세계 최초로 상용화를 목적으로 한 양자 컴퓨팅 시스템인 'IBM Q 시스템 원(IBM Q System One)'을 선보였다.

또한 올해 안에 IBM Q 퀀텀 연산 센터를 미국 뉴욕주 포킵시에 연다고 밝혔다. 이는 연구소 외부에서 단독 동작이 가능한 최초 범용 양자 컴퓨터다.

IBM은 2017년에 17큐비트(Qubit, Quantum Bit) 프로세서 프로토타입을 공개하고, 이번에는 4세대 20큐비트 프로세서를 사용해서 Q 시스템 원을 개발해 공개했다.

↑ 세계 최초 상용 양자컴퓨터 IBM Q 시스템 원(IBM Q System One) [IBM제공]

Q 시스템 원은 자동 보정되도록 설계된 퀀텀 하드웨어와 극저온 상태를 유지하기 위해 두께 13mm의 붕규산 유리 케이스와 알루미늄/스틸 프레임을 갖췄다. 또 많은 큐비트를 제어하는 고정밀 부품을 탑재했으며, 시스템 중단 없이 업그레이드 가능한 펌웨어 기능 등을 갖췄다.

특히 시스템의 디자인은 유리로 둘러싸인 밀폐된 환경으로 되어있다. 영국의 산업 디자인 스튜디오 맵프로젝트오피스(Map Project Office)와 유니버설디자인스튜디오(Universal Design Studio)와 협력해 개발됐다.

세계 최초 양자 연산 센터는 'IBM Q 네트워크(IBM Q Network)' 멤버들이 상용화 목적으로 고성능의 양자 컴퓨팅 시스템을 이용할 수 있도록 마련됐다. IBM Q 네트워크는 포춘 500대 기업과 연구기관, 스타트업 등이 IBM과 협력해 세계 최초로 양자 컴퓨팅 분야를 발전시키고 비즈니스와 과학 분야에서 실질적 응용을 연구하는 글로벌 커뮤니티다.

한편, IBM은 글로벌 에너지 기업 엑손모빌(ExxonMobil)이 에너지 그룹 최초로 IBM Q 네트워크에 합류한다고 발표했다.

IBM은 전 세계 여러 지역의 기상 상황을 가장 정확하게 파악할 수 있는 IBM 글로벌 고해상 기상예측시스템(GRAF, IBM Global High-Resolution Atmospheric Forecasting System)을 발표했다.

IBM이 인수한 기상정보업체 웨더컴퍼니(Weather Company)는 AI 기반 최신 기상 예측 모델을 발표했다. 이를 통해 현재 미국, 유럽 등 일부 선진국에 국한된 예측 정보에서 나아가, 아프리카 등 국지적으로 발생하는 작은 규모의 날씨 변화까지 예측할 수 있다.

크라우드 소싱(crowdsource) 기반 모델인 GRAF는 전 세계에서 사용되는 휴대폰 또는 항공기에 부착된 센서를 통해 기압 측정값을 얻는 등, 아직까지 사용되지 않는 딥 데이터를 통해 정보를 수집한다. 이렇게 수집한 기상 데이터는 IBM 파워9(POWER9) 서버 기반 슈퍼컴퓨터를 통해 분석된다.

이를 통해 기존 10~15㎞ 거리 기준으로 예측값을 제공했던 이전 모델에 대비, 3배 이상 개선된 3㎞ 미만의 해상도를 제공한다. 뿐만 아니라, 6~12시간마다 정보를 업데이트 됐던 것과는 달리, 매시간 새로운 데이터를 갱신함으로써 항공, 농업 등 여러 분야에서 날씨 변화 대처에 도움을 줄 것으로 기대된다.

알빈드 크리쉬나(Arvind Krishna) IBM 하이브리드 클라우드의 수석 부사장은 " 'IBM Q 시스템 원은 양자 컴퓨팅의 상업화에 있어 매우 중요한 진보다"며, "이 새로운 시스템은 비즈니스 및 과학을 위한 실용적인 양자 응용 프로그램을 개발하기 위해 연구실 벽을 넘은 양자 컴퓨팅이다"고 말했다.

스타트업 '리게티컴퓨팅' 양자컴퓨터로 구글·IBM에 맞짱

양자컴퓨터 개발, 인류는 양자역학시대로 접어들고 있다.

2017년 리게티컴퓨팅(Rigetti Computing)은 MIT가 선정한 '가장 스마트한 기업 50'에 이름을 올렸다. MIT 테크놀로지리뷰는 기업의 기술과 비즈니스 모델의 혁신성 및 새롭고 창의적인 접근을 기준으로 매년 '스마트 기업'을 선정하고 있다.

리게티컴퓨팅의 사업목표는 슈퍼컴퓨터를 넘어선 양자컴퓨터를 개발하는 것이다. 현재 세계에서 가장 빠르다고 알려진 중국의 슈퍼컴퓨터 텐허 2호(Tianhe-2)는 축구장 절반가량의 크기를 차지하며, 소비전력은 24MW로 한 개 도시에 공급되는 전력 소비와 맞먹는다. 이는 텐허 2호를 가동하기 위해서 하나의 원자력 발전소가 필요하다는 것이다.

실제로 양자컴퓨터가 개발된다면 슈퍼컴퓨터의 거대화 및 막대한 전력 소비라는 한계점을 뛰어넘는 일명

↑ 리게티컴퓨팅의 대표 채드
리게티(Chad Rigetti). 사
진 출처: Y Combinator

↗ 리게티컴퓨팅이 개발
한 8-qubit 양자 프로
세서. (출처: Rigetti
Computing)

'울트라 컴퓨터'가 될 것이다. 현재 양자컴퓨터 연구개발 분야에는 미국의 구글과 IBM, 리게티 컴퓨팅이 개발 중에 있다. 리게티컴퓨팅 대표 채드 리게티(Chad Rigetti)는 "IBM, 구글에 맞서 더 싸고 효율적인 양자컴퓨터를 시장에 내놓겠다."라는 포부를 밝혔다. 내로라하는 거대 IT 회사와 경쟁하는 '스타트 업(Start-up) 리게티 컴퓨팅이 어떠한 성과를 낼 것인지에 대해 많은 연구자와 기업의 이목이 쏠리고 있다.

리게티 컴퓨팅(Rigetti Computing)

미국 캘리포니아 주 버클리에 있는 리게티컴퓨팅은 슈퍼컴퓨터의 한계를 뛰어넘는 양자컴퓨터를 연구개발 중인 '스타트 업(Start-up)'이다. 리게티컴퓨팅의 대표 채드 리게티(Chad Rigetti)는 예일 대학에서 수년 동안 양자 컴퓨터 연구에 종사했으며 IBM의 양자 컴퓨터 개발에 참여한 바 있다. 이후 2013년 유명 액셀러레이터인 Y-콤비네이터(Y-Combinator)등으로부터 펀딩을 받아 리게티컴퓨팅을 설립했다. 액셀러레이터는 성장잠재력 있는 기업을 발굴하여 투자유치가 가능한 기업으로 빠르게 성장시키는 기업 또는 기관을 말한다.

리게티컴퓨팅은 내부적으로 2개의 양자 컴퓨터를 작동시키고 있으며, 양자컴퓨터 개발을 위한 양자IC(Quantum Integrated Circuit)를 개발했다. 양자IC는 양자 기술을 IC(집적회로)화 하는 기법으로 3개의 큐빗을 탑재할 수 있는 양자칩을 개발한데 이어 최근에는 8큐빗을 지원하는 양자칩을 개발했다.

또한 리게티컴퓨팅은 양자 알고리즘 개발 인프라 '포레스트(Forest)'를 공개했다. 포레스트는 양자 컴퓨터와 기존의 컴퓨터를 연결하는 하이브리드 알고리즘을 개발할 수 있는 독특한 아키텍처(Architecture)가 될 것이다. 아키텍처는 사용자 요구사항을 논리적으로 분해한 것을 기반으로 개념적, 논리적, 물리적으로 표현함으로써 설명될 수 있는 것을 말한다.

이에 많은 벤처캐피탈(Venture Capital)들은 리게티컴퓨팅의 양자컴퓨터 개발에 막대한 자금을 투자하고 있다. 유명 벤처캐피탈인 안드리센 호로비츠(Andreessen Horowitz) 등에서 총 6,400만 달러가량의 투자를 유치해 양자컴퓨터 상용화를 위한 연구개발을 가속화하고 있는 것으로 알려졌다.

←Rigetti 19Q 초전도 프로세서.
(출처: Rigetti Computing)

최근 IBM은 지난해 11월 50큐빗 양자컴퓨터 프로토타입 개발에 성공했다. IBM에 따르면, 20큐빗과 50큐빗 두 양자 컴퓨터가 큐빗을 양자상태에서 최대 90마이크로 초 동안 유지했다고 밝혔다. 관련 전문가들은 D-wave, 구글보다 범용 양자컴퓨터 개발을 가장 먼저 실행할 기업은 IBM이 될 수도 있다고 전망했다.

이런 가운데 스타트업 리게티컴퓨팅이 지속적인 투자를 바탕으로 현재까지 꾸준한 연구성과를 이루고 있어 IBM과 구글의 뒤를 바짝 쫓고 있다.

슈퍼컴퓨터를 넘어 양자컴퓨터 시대로

슈퍼컴퓨터(supercomputer)는 계산 속도가 매우 **빠르**고 많은 자료를 오랜 시간 꾸준히 처리할 수 있는 컴퓨터를 말한다. 슈퍼컴퓨터는 국방, 우주, 재난 예방, 에너지 분야 등 국가 안보와 관련된 분야에서 크게 공헌하고 있다. 최근 바이오, 자동차, 항공, 전자, 신소재 등으로 산업 범위를 넓혀가고 있으며, 주요 산업 분야에서 신제품의 설계 및 개발에 슈퍼컴퓨터를 활용하고 있다.

세계 슈퍼컴퓨터 성능 순위를 발표하고 있는 'TOP 500'에서 연속 1위를 달리고 있는 중국의 슈퍼컴퓨터 톈허 2호(Tianhe-2)는 인텔 제온(Intel Xeon)을 32,000개 탑재하고 있으며 시스템 전체로는 약 320만 개의 코어가 사용된다. 하지만 톈허 2호는 화려한 스펙에 걸맞게 축구장 절반의 크기를 차지하고 있으며 약 24MW의 전력을 필요로 한다. 이는 도시 하나에서 소비하는 전력소비량과 맞먹는 양이다. 이처럼 슈퍼컴퓨터는 거대화와 높은 전력소비라는 한계점을 갖고 있다.

슈퍼컴퓨터의 한계를 넘어 새로운 패러다임을 제시할 미래형 최첨단 컴퓨터가 바로 양자컴퓨터이다. 양자컴퓨터는 양자역학의 원리에 따라 작동된다. 기존의 컴퓨터는 0과 1이라는 이진법(binary bit)을 사용한다. 즉 0이나 1의 상태가 '비트'라는 기본단위가 되는 것이다. 반면 양자컴퓨터는 '양자역학'의 얽힘과 중첩을 이용한다. 양자컴퓨터는 0이면서도 동시에 1인 상태인 00,10,11,01과 같은 4가지 상태를 표현할 수 있다. 이를 '큐비트(quantum bit)'라고 부르는데 이 중첩 상태를 이용하면 병렬 처리가 가능해 연산능력이 기하급수적으로 늘어난다.

큐비트가 네 개가 있으면 16가지 상태를 표현할 수 있고, 여덟 개가 있으면 256가지의 상태를 표현할 수 있다. 더불어 큐비트가 n개가 있을 때 2의 n제곱만큼 상태를 표현하는 것이 가능하다. 결론은 비트를 사용하는 현재의 컴퓨터보다 큐비트를 사용하는 양자컴퓨터의 효율이 훨씬 효율적임을 의미한다.

나아가 양자컴퓨터는 슈퍼컴퓨터의 한계를 보완할 뿐만 아니라 양자컴퓨터의 양자병렬처리방식이 가능해진다면 기존의 방식으로 해결할 수 없었던 다양한 문제들을 해결할 수 있다. 예를 들면 고정밀도의 촉매를 생성해 지구상의 이산화탄소를 흡수, 지구온난화 문제를 해결하거나 의료분야에서 분자구조를 기반으로 하는 신약개발이 가능하다.

이는 물리학 관점에서 보았을 때 고전역학 시대에 머물러있는 현 인류에게 양자컴퓨터의 개발은 양자역학시대라는 새로운 지평을 개척해 줄 것이다.

인류를 위한 과학기술들

최근 인류를 위한 기술발전은 그 변화를 피부로 느낄 수 있다. 2017년 마지막 달에 과학기술의 발전을 통해 미래의 삶을 변화시킬 주제들을 정리해 보자.

우리는 초연결 시대에 진입했다. 인터넷에 연결된 2010년 기준 18억 명을 넘어 오늘날 연결된 수는 약 30억 명이 연결되었고, 2022년에서 2025년까지 이 숫자는 지구상에 있는 모든 인간을 포함한 80억 명의 사람들에게 확대될 예정이다.

20년전 9.6K/Bps의 연결되던 시대와 달리 이제는 초당 1M/Bps이상의 속도로 온라인 접속이 가능하다. 또한 아마존과 마이크로소프트의 클라우드 센터 서비스는 전세계에 제공되며, 인공지능과 결합으로 대규모 컴퓨팅 파워를 실감할 수 있는 시대다.

구글의 5G Solar Drones 인터넷 서비스인 프로젝트 스카이벤더(skybender)에 적용된 밀리미터파(millimeter wave) 기술은 4G보다 최대 40배 빠른 데이터를 무인 항공기에서 전달할 수 있다. 또한 허리케인 마리아로 통신이 끊긴 푸에르토리코에 인터넷 통신 풍선 '프로젝트 룬(Project Loon)'을 띄워 4G LTE 네트워크를 제공했다.

←출처: 픽사베이

←출처: 픽사베이

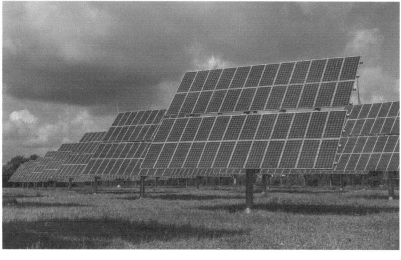

　　페이스북의 솔라 드론 인터넷 서비스와 비아샛(ViaSat) 프로젝트 1 테라비트(Terabit) 인터넷 서비스, 그렉 와일러, 폴 제이콥스, 리차드 브랜슨이 제안한 야심찬 저궤도 위성 시스템 원웹(OneWeb)을 비롯해 스페이스 X 설립자인 엘론 머스크는 전세계 인터넷 지배를 위해 4,425개의 저궤도 인터넷 위성 시스템을 배치해 전체 지구를 덮을 계획이다.

　　인공지능(AI)은 인류가 개발할 가장 중요한 기술로 인류에게 위협이 아니라 커다란 기회가 될 것이다. 인공지능(AI)은 인류의 근본적인 가장 큰 도전 과제를 해결할 수 있도록 도울 것이다. 구글의 딥-마인드(DeepMind) 바둑 게임 인공지능 알파고(AlphaGo)를 백전백승하는 구글 알파고 제로는 이제 인간의 도움 없이 스스로 기보를 만들어 학습한다. 모바일에서도 애플의 인공지능 칩셋 A11과 화웨이 키린 970가 탑재된 인공지능 스마트폰이 출시됐다. 엔비디아(NVIDIA) 딥-러닝 컴퓨터 칩셋, IBM 와슨(Watson) 등이 꾸준히 성능을 올리고 있다.

　　나사(NASA)와 구글이 인공지능 기술을 이용해 외계행성 케플러-90i를 찾아냈다. 페이스북은 인공지능 기술로 자살을 미리 예측해 대응하는 서비스를 시작했다. 립넷(LipNet)이라고 하는 옥스퍼드 대학교의 새로운 인공지능은 입술 움직임으로 말을 읽을 수 있다. 일본 하코다테 미래 대학 인공지능은 글쓰기 소설로 문학상 1라운드 통과했다. 인공지능은 공중 전투에서 인간 조종사를 이겼다. 은퇴 한 미 공군 대령 대령은 최근 신시내티 대학에서 공중 전투 시뮬레이터로 개발한 인공지능 알파(ALPHA)에 대항했지만, 인공지능에 패했다.

　　과학자들과 연구자들에 의해 암과 질병의 종말은 점점 가까워지고 있다. 암 면역 요법으로 급성 림프 구성 백혈병 (ALL) 환자의 94%의 암이 완전히 사라졌다. 다른 혈액 암 환자의 반응률은 80% 이상이었고, 절반 이상이 완전 완치를 경험했다.

중국에서는 CRISPR/Cas9가 최초 임상실험에 사용돼 악성의 폐암 환자를 치료했다. 미국 국립보건원 (NIH)은 CRISPR을 이용한 인체 실험 승인, 펜실베니아 대학 의과 대학의 의사 팀은 국립 보건원 (National Institute of Health)이 승인 한 CRISPR-Cas9 시스템으로 18명의 다른 암 환자의 면역 세포를 수정하는 프로젝트를 진행했다. 하버드대학교 줄기 세포 연구자들은 처음으로 쥐에서 당뇨병을 치료하기 위해 '인슐린 생산' 세포를 만들었다.

유전자가위(CRISPR)는 쥐의 잘못된 DNA 서열을 편집해 겸상 적혈구를 완전히 치료하는 데 사용됐다. 미국에서만 약 10만 명에 달하는 특이병을 치료할 수 있는 길이 열렸다. 유전자가위(CRISPR)를 사용하여 살아있는 동물에서 인간 면역 결핍 바이러스(HIV)유전자 제거했다. 템플대학(Temple University) Neuro AIDS 센터의 과학자들은 성공적으로 50% 이상의 성공률을 보였으며 살아있는 동물로부터 HIV 유전자를 성공적으로 잘라냈다.

영국의 과학자 팀이 HIV에 감염된 세포를 인식하는 대한 새로운 치료법을 발견했다. 새로운 에볼라백신으로 3,000명이 넘는 에볼라 사례가 확인된 아프리카 기니에서 에볼라 예방백신(rVSV-ZEBOV)을 접종 받은 약 6,000명의 사람들 중 누구도 에볼라에 걸릴 징후가 없었다.

줄기세포의 놀라운 성공률도 눈에 띤다. 일본 오사카 대학의 코지 니시다 교수가 이끄는 생물학자들은 인간의 안구 조직을 성장시키고 키우는 새로운 방법을 발견했다. 스탠포드 대학의 한 연구에서 줄기 세포 치료에 동의한 18명의 뇌졸중 환자에 대한 치료 중 7명의 환자의 운동 기능이 현저히 향상됐다 향후 알츠하이머 병, 파킨슨 병과 루게릭 병과 같은 다른 신경 퇴행성 질환에도 효과가 있다. 남부 캘리포니아 대학(USC) 신경재생센터는 팔이 마비된 21세 남성의 손상된 경추에 줄기 세포를 주입하자 3개월 후 그는 두 팔의 감각과 움직임이 크게 향상됐다.

이제 태양광/신재생 에너지가 화석연료보다 저렴해지는 역사적 변곡점을 넘어섰다. 이는 인류 역사상 가장 중요한 발전 중 하나인 에너지산업 변화에 대한 획기적인 변화가 시작됐다는 의미다.

구글(Google) 재생 가능 에너지로 100% 가동하고 있다. 인도에서는 태양광 발전이 석탄보다 저렴하다. 영국은 석탄보다 태양광 에너지에서 더 많은 에너지를 생산하고 있다. 스코틀랜드 풍력에서 106%의 에너지를 생산량을 증가 시키는 성과를 냈다. 코스타리카는 2개월 이상 100% 재생 에너지만을 사용했다. 라스베가스(Las Vegas) 시정부는 100% 전력을 신재생에너지로 사용하고 있는 도시다. 또한 테슬라의 기가팩토리는 매년 50만개의 리튬 이온 배터리와 Tesla의 Model III 차량을 생산할 예정이다.

자율주행 차량의 시대가 다가오고 있다. 구글, 테슬라 및 우버가 자율주행차량 시대를 이끌어가면서, 포드(Ford), 지엠(GM), 볼보, BMW 등 대부분의 주요 자동차 회사는 자체적으로 집중 투자하고 있다. 앞으로 10년 내에 완성될 기술 중 하나가 될 것이다.

드론과 하늘을 나는 자동차의 시대가 열릴 것이다. 아마존 프라임 에어(Amazon Prime Air)의 배송시스템과 세븐일레븐(7-ELEVEN) 편의점, 메르세데스(Mercedes)는 무인기 스타트업 기업인 매터넷(Matternet)이 만든 비전밴(Vision Van)이라는 컨셉 자동차, 하늘을 나는 자동차에 투자한 구글 공동 창업자 래리페이지(Larry Page), 세계적인 운송 업체인 우버(Uber)는 우버 엘레베이터(Uber Elevate)라는 주문형 항공 서비스 계획 특허와 백서를 발표했다.

하루가 다르게 변화하는 과학기술을 피부로 느끼는 한해 마지막 달이다. 그러나 학습하지 않은 사람은 앞으로 무엇이 올지 또 그 파급 효과는 어디까지일지 이해하지 못하고 감사해 하지 않을지 모른다는 생각이 든다.

새로운 입자 '코리아늄'을 탄생시킬 한국형 중이온 가속기 '라온'

중이온 가속기:

수소보다 무거운 입자들인 탄소, 우라늄 등을 이온화해 가속화한다. 이 후 가속입자를 표적과 충돌시키면 핵반응을 일으켜 다양한 희귀동위원소가 생성된다. 쉽게 말해 중이온가속기란 무거운 금속 이온을 아주 빠른 속도로 가속시키는 장치다. 빠르게 가속시킨 금속 이온을 다시 금속판에 충돌시키면 희귀한 방사성 동위원소가 대량 생성된다. 금속 이온을 중이온가속기에 한 번 충돌시킬 때, 약 5000개 이상의 새로운 입자가 만들어지게 된다. 즉, 중이온가속기를 이용하면 금속이온 내에 있는 희귀동위원소를 발견할 수 있다. 희귀동위원소는 동위원소 중에서 자연계에 존재하지 않으며 수명이 짧은 불안정한 원소를 말한다. 희귀동위원소 발견을 이용해 새로운 원소를 만들어 내거나 물질의 성질을 연구할 수 있다.

한국형 중이온가속기 '라온(RAON)'

최근 한국형 중이온가속기 '라온(RAON)' 구축에 대한 희소식이 들려왔다. 기초과학연구원(IBS) 중이온가속기건설구축사업단은 한국형중이온가속기 라온(RAON)의 중이온빔 초전도가속시험에 성공한 것이다. 이는 중이온

가속기가 정상적으로 작동할 것이며, 예정대로 2021년에 완공될 가능성이 높아졌다는 의미다.

한국형 중이온가속기 '라온(RAON)'은 2021년까지 국제과학비즈니스벨트에 설치되는 대형 연구시설이다. 특히 '라온(RAON)'은 초전도 선형가속관을 이용해 중이온을 최고 광속의 50%까지 가속할 수 있다.

한국형 중이온가속기(RAON)는 핵과학, 원자 및 분자과학, 물성과학, 의생명과학 총 4가지의 연구분야에 활용될 수 있으며, 앞으로 잠재되어 있는 연구분야의 활용까지 확산이 가능하다. 핵과학 연구에서는 라온(RAON)의 되튐분광장치(KOBRA), 대수용다목적핵분광장치(LAMPS), 핵데이터생산장치(NDPS)를 이용할 수 있다. 이를 통해 우주원소의 기원 및 별의 진화 연구, 핵 구조 및 핵력의 본질 규명 연구, 차세대 원자력 연구개발의 기본요소인 핵반응/핵 구조 연구를 할 수 있게 된다.

중이온 가속시설은 원소의 기원 탐구, 새로운 동위원소들의 발견과 그 구조 연구, 희귀동위원소들을 이용한 신물질 연구, 의학 응용 연구 등 다양한 연구 분야를 세계적 수준으로 이끌어나가는 핵심적인 역할을 담당할 예정이다. 중이온가속기를 이용한 기초 및 응용 분야 연구성과는 한국이 미국, 유럽연합 그리고 일본과 같은 기초연구 선진국 클럽에 진입한다는 중요한 국가적 의제(agenda)의 완결을 의미 한다.

해외 가속기 현황

현재 미국은 가속기를 보유하고 있는 기관은 일리노이주 시카고에 위치한 미국 최초의 국립연구소이자 세계 최초의 핵에너지 연구소(ANL, Argonne National Laboratory)를 포함 총7개 기관에서 보유하고 있다. 또한 일본은 2004년 중이온가속기를 이용해 새로운 입자 자포늄(Japonium)을 발견했다. 자포늄(Japonium)은 원소주기율표에 원소번호 113번으로 새롭게 등재했다.

／중이온가속기 조감도. (사진제공
=과학기술정보통신부)

＼중이온건설구축사업단에서 개
발한 RFQ 선형가속기의 모습.
(사진제공=과학기술정보통신부)

현재 미국은 가속기 산업에서 부동의 1위를 차지하고 있다. 미국이 1900년대부터 현재까지 가속기 산업에서 강세를 유지하고 있는 이유는 기술력을 뒷받침 해주는 수많은 가속기 기관과 예산 투자 및 인력공급으로 꼽을 수 있다. 미국은 일리노이주 Argonne National Laboratory(ANL)를 포함 총 7개의 가속기 기관을 보유하고 있다. 미국 'ANL'은 클론장벽 부근의 중이온을 가속시키는 세계최초의 초전도 선형가속기인 'ATLAS' 연구시설을 보유하고 있다. 또한 세계 최고 양성자 빔 전류인 동위원소 온라인(ISOL)시설을 보유하고 있다. 일리노이주 시카고에 위치한 'Fermilab'에선 1995년 톱쿼크 발견, 1997년 보텀쿼크 발견, 2000년 타우중성미자라는 새로운 입자를 발견하였다. 이 밖에도 미국은 많은 연구성과를 보유하고 있다. 이러한 연구성과와 시설을 볼 때 미국이 왜 가속기 산업 부동의 1위인지 알 수 있다.

미국 외에도 유럽에서 많은 국가들이 가속기를 보유중이며, 지속적인 투자와 인력공급이 이루어지고 있다. 유럽의 가속기 현황으로 러시아는 Budker Insitute of Nuclear Physics(BINP) 포함 3개, 프랑스 French Atomic Energy Commission(CEA) 포함 2개, 독일 Deutsches Elektronen Syschrotron(DESY) 포함 2개, 이탈리아 Instituto of Nazionale di Fisica Nuclere(INFN) 등이 있다.

중국과 일본 또한 각각 2개의 가속기 기관을 보유 중이다. 일본은 미국과 함께 가속기 산업을 이끌어가고 있다. 일본의 대표적인 중이온가속기는 Rikagaku Kenkyusho(RIKEN)이다. 일본은 RIKEN을 이용해 2004년 자포늄(Japonium)을 발견했다. 자포늄(Japonium)은 113번째 원소로 등록되었다. RIKEN이 1917년에 설립된 것을 보았을 때, 2021년 설립될 한국형 중이온가속기 'RAON'과 100년 이상 차이 나는 것을 볼 수 있다. 이는 한국과 일본의 중이온가속기 기술력이 단순 비교해 100년 이상의 차이를 보이고 있다는 것을 나타낸다.

결론

가속기 산업 부동의 1위 미국은 가속기 산업에 매년 약 12억9천만 달러(한화 약 1조3천억 원)를 투자하고 있으며, 약 1만7천여 명의 인력이 동원 되고 있다. 기초과학연구원(IBS)은 한국형 중이온가속기(RAON)를 구축하는데 약 1조 4,300억 원의 사업비가 필요할 것으로 보고하였다. 2021년 예정된 기간에 '라온'이 구축되었을 때 새로운 희귀동위원소를 발견하기 위해서는 구축사업비 대비 중이온 가속기 산업에 대한 적절한 투자 역시 절대적으로 필요하다.

한국이 미국, 일본과의 100년 이상 차이 나는 기술력 수준을 뛰어넘을 수 있는 방법은 2021년 완공될 '라온'이 ISOL과 IF방식을 결합한 세계최초의 중이온가속기가 되는 것이다. 두 가지 방식을 결합한 중이온가속기가 개발되어 새로운 원소 '코리아늄'이 발견된다면 기술력의 차이가 100년에서 50년, 10년으로 줄어들 것으로 예상된다.

'라온'이 2021년까지 무사히 설립되기 위해선 많은 인력공급과 예산지원이 필요하다. 한국은 꾸준히 대형연구시설에 대한 투자가 늘어나고 있는 추세이다. 하지만 2012년 대형연구시설 투자비용 4천290억 원과 미국의 대형연구시설 투자비용인 4조원과 비교했을 때, 약 10배의 차이를 보이고 있다. 앞으로 한국은 '라온'을 기반으로 가속기 산업의 리더가 되기 위해서 대형연구시설 투자비용을 더욱 늘릴 필요가 있다.

부디 한국형 중이온가속기 '라온(RAON)'이 예정된 2021년까지 성공리에 완공돼 새로운 입자 '코리아늄'을 탄생시키고 한국이 기초과학 강국으로 발돋움 할 수 있기를 기대한다.

20년 전 '로봇윤리헌장' 초안에 주목해야 한다

정부가 인공지능(AI) 기술을 육성하기 위해 앞으로 수조 원의 자금을 투자할 계획이다. 과학기술정보통신부는 국내 지능정보기술 관련 인적, 산업적 기반이 미약하고, 지능정보기술 전반에서 선진국 대비 격차가 있다고 판단해 정부가 나서 집중 육성한다는 계획이다.

전 세계가 지능정보기술에 주목하는 이유는 기존에 인간만이 가능했던 인지, 학습, 추론 등 고차원적 정보처리 능력을 IT기술을 통해 구현하는 기술로 공장자동화 로봇, 간병 로봇, 무인자동차, IT 디바이스의 개인비서 등 인간의 개입 없이 스스로 작동할 수 있도록 하는 역할을 한다. 결국, 지능정보기술은 IT 산업의 혁신을 넘어, 생산방식, 시장구조, 생활양식 등 우리 경제 사회의 근본적 변화를 이끌 것이다.

이미 지능정보기술은 전 세계적으로 금융 분야에서 SW 주식거래 등 이미 활발히 사용되고 있으며, 최근 지능정보기술을 통해 의사에게 진료를 보조하는 IBM 왓슨 헬스 등 의료분야에도 적용이 확대되고, 제조업 분야에서 공장자동화 등을 통해 효율성 및 생산성을 높이기 위한 지능정보기술 활용이 확산되고 있다.

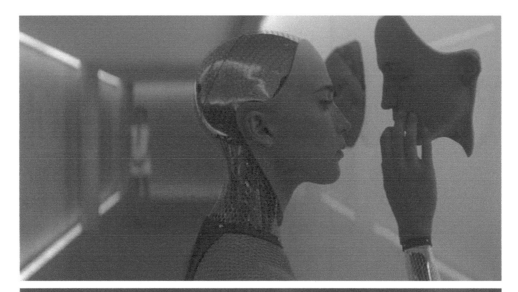

영화 〈The Terminator〉 한 장면.
출처: WIKI

영화 〈Ex Machina〉 한 장면. 출
처: WIKI

또한, 지능정보기술을 활용한 실시간 통·번역 및 언론사의 로봇 기사 작성 등 다양한 서비스도 이미 등장하고 있다. 앞으로 지능정보기술을 활용해 처리할 수 있는 업무 범위가 더욱 확대될 것이다.

문제는 지능정보기술 분야의 발전이 기계 대 인간의 경쟁구도를 우려하는 목소리도 나오고 있다. 업무 대체로 일자리 창출에 부정적 영향을 주거나 심하게는 기계의 지능 수준이 인간을 뛰어 넘어, 기계가 인간을 지배하는 사회가 올 수 있다는 우려 섞인 지적이 이어지고 있는 상황이다.

따라서 기계가 인간의 통제 아래 인간에게 유익한 수단으로 활용될 수 있도록 하기 위한 로봇 윤리규정이 필요하다는 것이다.

이미 미국과 일본, 유럽 등은 최근 개발된 로봇 기술들과 관련된 새로운 윤리적 이슈들, 인간의 도덕적 가치를 반영한 인공지능과 자동화된 기계들에 관한 연구 결과가 지속해서 나오고 있는 가운데, 최근 카카오가 '카카오 알고리즘 윤리 헌장'을 발표했다. 국내 기업 중 AI(Artificial Intelligence) 기술 개발 및 윤리에 관한 알고리즘 규범을 마련해 외부에 발표한 것은 카카오가 처음이다.

카카오 AI 알고리즘 윤리헌장에는 인류의 편익과 행복을 추구하는 카카오 AI 기술의 지향점, 결과의 의도적 차별성 방지, 윤리에 근거한 학습 데이터 및 수집 관리 원칙 등이 담겨 있다. 알고리즘 관리의 독립성과 알고리즘에 대한 설명 방침도 포함돼 있다.

한국은 20년 전인 2007년 당시 산업자원부는 '로봇윤리헌장 제정위원회'를 결성하고 세계 최초로 로봇

제조부터 사용자 등이 지켜야 할 기본적 윤리규정을 7장에 걸쳐 담은 '로봇윤리헌장 초안'이 만들어졌다. 이 로봇윤리헌장은 로봇이 일상화될 것에 대비해 과학자, 윤리학자, 종교학자, 의사, 심리학자, 변호사, 미래학자 등 각계인사 12명을 중심으로 만들었을 뿐 아니라 이런 모든 작업을 정부가 지원한 매우 뜻깊은 사업이었다.

이 로봇윤리헌장 초안에는 '인간과 로봇은 상호 간 생명의 존엄성과 정보, 공학적 윤리를 지켜야 한다' 인간과 로봇의 공동원칙에 따라 인간과 로봇 상호 간의 선한 협력을 통해 공존공영 등 세부조항이 마련됐다. 즉, 로봇윤리헌장이 내다보는 미래는 먼저 인간은 로봇을 만들고 로봇은 인간이 편하게 살도록 돕는 서로 존중하는 세상을 말하고 있다.

당시 로봇윤리헌장 초안을 작성한 차원용 박사는 "로봇은 인간과 동격이 아니라 협력자나 공존자로 한 단계 낮은 존재지만 존중받아야 한다. 인간이 로봇에게 정중히 대할 때 인간의 존엄성도 지켜지기 때문"이라며, "대표적인 사례가 일본에서 만든 강아지 로봇 학대 사건이다. 이 로봇은 살아 있는 강아지처럼 인간의 태도에 따라 감정을 표현하지만, 강아지가 가끔 반응하지 않고 오동작을 일으키자 어린이들이 아무 거리낌 없이 폭력을 행사하자 이를 본 부모가 불매운동을 벌였다"며, "결국 모든 문제는 인간이다"고 설명했다.

하지만 정부 차원에서 인간과 로봇의 관계를 규정한 세계 최초의 사례라는 평가를 받은 로봇윤리헌장 초안은 로봇윤리헌장 제정으로 더 이상 발전하지 못하고 지금까지 멈춰서 있다.

당시 초안 내용이 로봇과 인간의 관점에 따라 산업적 이해관계가 매우 복잡하고 예민하다는 지적에 정부는 로봇윤리헌장 제정 속도를 늦추고 좀 더 폭넓은 검토와 논의를 거쳐 완성된 헌장을 내놓겠다는 입장을 밝혔지만,

지금까지 한 발짝도 내딛지 못하고 있다.

그러는 사이 미국과 일본, 유럽 등은 최근 개발된 로봇 기술들과 관련된 새로운 윤리적 이슈들, 인간의 도덕적 가치를 반영한 인공지능과 자동화된 기계들에 관한 연구 결과가 지속해서 나오고 있다. 이 대목이 무척 아쉬운 부분이다.

왜 이 부분이 중요한지 보쉬(Bosch) 사의 사례를 통해 알아보자. 미국 MIT테크놀로지리뷰는 2015년 10월 22일 "돌발 상황이 발생하면 무인자동차의 인공지능은 보행자를 칠 것인가 아니면 핸들을 벽 쪽으로 꺾어 차 주인을 희생할 것인가? 이런 윤리적 문제해결에 무인자동차의 미래가 달렸다"고 한 편의 논문을 소개하며, "누가 주인을 희생시키는 자동차를 살 것인가"라고 전했다. (논문명: Autonomous Vehicles Need Experimental Ethics: Are We Ready for Utilitarian Cars?)

보쉬(Bosch)사는 2018년 초에 제작되는 신형 차량에 보행자 보호시스템을 장착할 계획이다. 운전자의 애매모호한 행동이 보행자와 충돌을 일으키지 않도록 보호시스템이 자동으로 개입하게 된다. 보호 시스템에는 이 같은 알고리즘과 중장거리의 레이더 센서, 이미지 프로세싱 시스템 개발 등이 윤리적 문제 해결과 맞닿아 있다. 무인 자동차의 상용화는 운전자와 보행자 보호의 우선순위에 대한 윤리적 문제 해결이 기준이 가장 시급한 시점이다.

실제 미국과 유럽은 20세기 초 만해도 과학기술이 윤리와 무관하다고 믿어 왔지만, 20세기 말 과학기술의 중심으로 윤리가 돌아와 진리를 탐구하는 철학을 담음으로써 전 세계를 이끌고 있다. 이는 과학기술의 모든 과정과 성과가 인류에게 혜택뿐 아니라, 고통과 죽음도 가져올 수도 있기 때문이다.

다행히도 2016년 1월에 제정된 〈지능형 로봇 개발 및 보급 촉진법〉을 토대로 '지능형 로봇윤리헌장' 제정 근거를 마련해주고 있다. 이제라도 지난날 숱하게 고민하고 연구한 '로봇윤리헌장 초안'을 다시 검토하고 보완해 세계 속에 대한민국을 우뚝 세우길 기대해 본다.

음악은 '창의성'의 원천이다!

2014년 아일랜드를 대표하는 세계적인 록밴드 U2가 애플의 아이폰6(iPhone6)를 공개하는 이벤트에 등장해 깜짝 공연을 펼쳤다. U2는 애플의 창업자인 고 스티브 잡스(Steve Jobs)와 현 최고디자인책임자인 조니 아이브(Jony Ive)와 매우 친밀한 관계였다.

2004년 U2의 드러머 래리 뮬런(Lally Mullen)은 아이팟(iPod) 출시에 대해 "애플과 스티브잡스는 미래를 위해 음악 산업을 구했다. 우리는 광고를 하지 않지만 애플의 캠페인에는 동참한다"라고 말했다.2005년에는 아이팟 포토를 기반으로 하는 5세대 아이팟 U2 스페셜 에디션(iPod Special Edition U2)가 출시되었다. 아이팟의 출시는 애플 뿐 아니라 음반업계도 살려낸 것이다.

스티브 잡스는 상상을 현실로 구현해 냈다. 그는 창의성과 창조성이란 단어로 대표되는 인물이다. 여기서 창의성이란 새로운 것을 생각해 내는 특성이며, 창조성이란 기존보다 좀 더 새로운 것을 개발해 내는 특성이라 할 수 있다. 제아무리 뛰어난 기술도 따라올 수 없는 것이 인간만의 능력인 창의성이다.

'스티브 잡스의 창의성과 창조성의 원천은 무엇인가' 라는 질문에 대해 필자는 '음악' 을 그 중 하나로 들고자 한다. 스티브 잡스는 아티스트와 조화로운 팀원, 음악성, 가사 속의 시대정신 등 음악을 매우 사랑했다.

스티브 잡스는 "내 사업의 롤 모델은 바로 비틀즈다"라며 비즈니스에 대한 영감을 얻었다고 고백했다. "예술성이 뛰어난 네 명의 멤버가 서로 균형을 맞추고 그 조화로움 속에서 위대한 일을 이루는 팀"이라고도 했다. 그는 또 밥 딜런(Bob Dylan)에 대해서는 "현실에 안주하지 않고 실패를 두려워하지 않으며 항상 새로움에 도전하는 아티스트다"라고 말했다. 그는 애플 초창기, 공동 창업자였던 스티브 워즈니악(Steve Wozniak)과 아이디어 회의 도중에도 기타를 치며 밥 딜런의 노래를 부를 만큼 음악을 사랑했다.

최근 사이언스(Science)지에 게재된 연구결과에 따르면, 음악은 감정과 추상적인 의사 결정에 연결된 수많은 뇌의 변화를 즉시 가져오는 것으로 밝혀졌다. 우리 인체가 음악을 들을 때면 간단한 청각적인 기능은 물론 이보다

↗ 월드 와이드 웹(World Wide Web)의 발명가 팀 버너스리(Tim
  Berners-Lee). 출처 : CERN

↘ 스티브 잡스(stevejobs)와 u2. 출처: NYT

훨씬 다양한 반응들이 일어나며, 음악은 기분을 좋게 한다고 기대하게 하는 화학물질 도파민을 방출하는 뇌의 일부인 중격측좌핵의 활동을 촉발한다는 것이다.

즉, 음악은 신경을 진정시키고, 스트레스를 완화시키며, 운동 중 에너지 수준을 끌어올릴 뿐 아니라 오래된 기억을 되찾을 수 있게 하며, 셀 수 없는 다양한 감정을 자극한다.

뇌과학자들에 따르면 악기를 연주하거나 노래를 부르는 것은 실제로 창조적인 생각을 하는 것과 관계가 있다. 꿈꾸거나 이미지를 떠올릴 때, 공상을 할 때 활성화되는 우뇌와 논리와 언어, 숫자를 분석하는 능력과 관련이 있는 좌뇌 모두 활성화된다.

마이크로소프트가 내놓은 극강의 혼합현실 홀로렌즈의 개발자 알렉스 키프만(Alex Kipman)은 엔지니어지만 평소 기술보다는 음악에서 영감을 얻는 것으로 알려져 있다. 그는 거꾸로 "소프트웨어가 물리적 원리에 지배되지 않는 유일한 예술이라는 점이 영감의 원천이다"라고 밝힌 바 있다.

현대 물리학에 지대한 영향을 끼친 아인슈타인(Albert Einstein) 역시 바이올린과 음악을 광적으로 사랑했다. 2015년 화성의 소금물 흔적을 발견한 미국 항공우주국(NASA) 과학자 루젠드라 오지하(Lujendra Ojha)는 헤비메탈의 하위 장르 중 데스메탈을 하던 음악가였다.

음악이란 용어는 라틴어 무시카(Musica)에서 유래했는데 무시카는 소리와 울림에 관한 기초과학을 의미한다. 음악은 정확하게 과학적 형식을 띠고 있으며 수학적 이론을 적용하고 있다. 중세 미학자 카시오도로스

→ LHC(Les Horribles
Cernettes)의 사진은 월
드 와이드 웹에 게시된 첫
번째 사진이었다. 출처 :
CERN

(Cassiodorus)는 "음악은 수를 다루는 과학이다. 또한, 음악은 상관된 소리들의 과학이며 그 소리들이 서로 일치하고 또 다르게 되는 방식에 대한 탐구다." 라고 했다.

17세기 천문학 혁명의 핵심인물인 케플러(Kepler)는 천체의 이동과 음악이 관계가 있다고 여겼다. 우주의 음악(music of the spheres)은 태양, 달, 행성과 같은 천체가 이동할 때 보이는 조화를 음악의 한 형태로 여기는 고대의 철학적 개념이다. 케플러의 저서《세계의 조화》에서 그는 천문학적인 면에서의 자연계의 조화를 음악적 관점으로 설명하려고 시도했다.

또 현재 사용되는 음계의 기초가 되는 피타고라스 음계는 피타고라스가 음악을 수학적으로 연구해 만들어낸 것으로 알려진다. 그는 음악의 근본적 원리가 수학과 관계된다고 믿고, 음악에서 나오는 수적 질서를 '하르모니아(Harmonia)' 라고 불렀다.

음악에도 황금비율(약 1.618:1)이 있다. 우리가 아름답게 느끼는 공간 예술 작품에서 주로 볼 수 있는 황금비율처럼 음악에서도 이런 황금비율이 존재한다. 음악 도입부와 전개, 절정 그리고 마무리에서 특이점들이 일어나는 전체 시간에 황금비율로 나누는 부분에서 음악이 절정으로 치닫게 되는 것이다.

음악은 아름답고 즐거운 파동이다. 우주 역시 파동 속에 담겨있다. 우주의 빛도 파동이며, 인간의 언어들도 파동이다. 공간의 움직임과 변화 모든 입자가 존재하며, 인간의 영혼과 육체에 영향을 미친다.

신의 입자로 알려진 '힉스 입자(Higgs boson)' 의 발견을 발표했던 유럽입자물리연구소(Conseil Europ en pour la

Recherche Nucl aire, CERN)는 기초과학 연구는 물론 전 세계에 지대한 영향을 미친 월드와이드웹(WWW, World Wide Web)의 탄생지다. 흔히 인터넷으로 불리는 웹(WEB)은 연구소에서 일하던 물리학자 팀 버너스-리(Timothy Berners-Lee)가 1989년에 동료들과 함께 연구 자료를 쉽게 검색하기 위해서 개발한 것으로 이것이 바로 전 세계 인터넷 시대의 문을 연 월드와이드웹이다.

당시 팀 버너스-리는 스티브 잡스가 세운 넥스트(NeXT)사의 컴퓨터로 웹서버를 돌려 넥스트 컴퓨터는 세계 최초의 웹 서버(WEB Server)로 역사에 남게 됐다. 이후 1993년 4월 30일, 인터넷에 있어 가장 중요한 기술인 웹 기술을 누구나 쓸 수 있도록 권리를 자유롭게 풀어줌으로써 인터넷은 또 한 번의 커다란 전환기를 맞게 된다.

여기서 한 가지 주목해야 할 점은 유럽입자물리연구소의 음악을 사랑하는 문화다. 1980년대부터 이미 이들은 현재 개방성과 창조성을 보여주는 애플, 구글, 페이스북, 마이크로소프트 등처럼 음악을 자유롭게 즐기는 개방성이 퍼져 있었다. 심지어 여성 연구원들은 그룹(LHC, Les Horribles Cemettes)을 결성해 뮤직비디오를 만들고 오랫동안 공연(국제 물리학회, 노벨상 수상파티 등 초청)을 펼쳤다. 연구소 하면 우리가 생각하는 고리타분하게 학문에만 빠진 사람들이 아닌 음악과 함께 창조성과 열정을 맘껏 즐기고 서로 나누는 그런 철학이 넘쳐나는 곳이었다.

창의적 인재를 요구하는 시대에서 우리 스스로 한계를 짓지 말고 음악의 상상과 자유, 즐거움 등을 통해 그 안에 숨어있는 놀라운 지혜들을 감동하게 하고 즐기며, 상상과 함께 새로운 발견을 이끌어 내보면 어떨까?

변화와 혁신을 주도하는 해외 대학 연구소

세계 대학은 큰 변화의 물결을 마주하고 있다. 과학기술의 융복합과 인공지능, 로봇, 바이오공학 등이 주도하는 차세대 기술혁명은 사회 전반의 급격한 변화를 가져왔다. 이에 전 세계 대학들은 4차 산업혁명을 주도할 새로운 기술을 집중 투자하고 연구소 단위로 관련 기술을 적극적으로 연구, 개발하고 있다.

세계의 주요 대학 연구소가 과학기술 및 정보통신기술(IT)을 기반으로 변화와 혁신을 주도한 최근의 사례를 살펴보자.

미국 스탠퍼드대(Stanford University) 연구팀은 2018년 7월, 혈액을 스캔하여 세균의 감염 여부를 식별하는 바이오프린터를 개발하고 있다고 소개했다. 혈액에 빛을 쏘아 반사되는 파장을 통해 세균에 감염됐는지, 어떤 세균에 감염됐는지, 인체에 치명적인지 알 수 있다.

2017년부터 의학 및 공학, 비즈니스 분야 전문가들이 세균성 혈액 감염을 진단하기 위해 모였다. 연구팀이 개발 중인 혈액 속 세균을 찾고 식별하는 기술은 진단을 빠르게 하고 무분별한 항생제의 사용을 줄일 수 있게 한

스탠퍼드대 연구팀이 개발한 바이오프린터가 혈액 방울을 뽑아낸다

MIT '생체모방 로봇연구소(Biomimetic Robotics Laboratory)'가 개발한 4족 보행 로봇 '치타 3(Cheetah 3)'

다. 혈액 몇 방울을 스캔하여 세균 감염에 대해 진단하는 데 걸리는 시간은 단 몇 분이다. 사람이 수동으로 혈액에 든 성분을 분석하는 것보다 시간을 줄이며 정확한 결과를 낳는다. 앞으로 혈액뿐 아니라 침, 소변 등 다른 체액으로도 세균의 감염 여부를 검사할 것으로 예상된다.

미국 캘리포니아대 로스엔젤레스 캠퍼스(UCLA, University of California at Los Angeles, 이하 UCLA) 연구팀은 2018년 5월, 군소(바다 달팽이, Aplysia Californica)를 대상으로 잘 훈련된 군소 뇌세포 RNA를 추출해 훈련받지 않은 군소 뇌세포로 이식하는 데 성공했다.

신경과학 분야에서 기억은 시냅스에 저장되어 있다고 오랫동안 생각되어 왔다. 하지만 UCLA 연구팀은 기억이 뉴런의 핵에 저장되어 있다는 다른 견해를 가지고 있었다. 결국 이번 연구를 통해 뉴런 세포의 핵 안에 존재하는 RNA들이 기억을 관련하고 있다는 가능성을 확인한 것이다.

미국 매사추세츠 공과대(MIT, Massachusetts Institute of Technology, 이하 MIT)의 '컴퓨터과학 인공지능연구소(CSAIL, Computer Science and Artificial Intelligence Laboratory)'는 2018년 7월, 음악을 연주하는 동영상에서 특정한 악기의 소리를 분리하는 AI 시스템 'PixelPlayer'를 개발했다. 동영상의 연주자를 클릭하면 그 악기의 소리를 뽑아내거나 소리의 크기를 조절 할 수 있다. 좋아하는 음악의 특정 부분을 연주하는 방법을 찾아낼 수도 있고, 듣고 싶었던 악기의 소리만 분리할 수도 있다.

MIT의 또 다른 연구팀인 '생체모방 로봇연구소(Biomimetic Robotics Laboratory)'는 촉각 의지해 걷고 뛰고 계단을 오르는 4족 보행 로봇 '치타 3(Cheetah 3)'를 개발 중이다. 이전 버전보다 슬림화된 3세대 로봇으로 카메라가 사

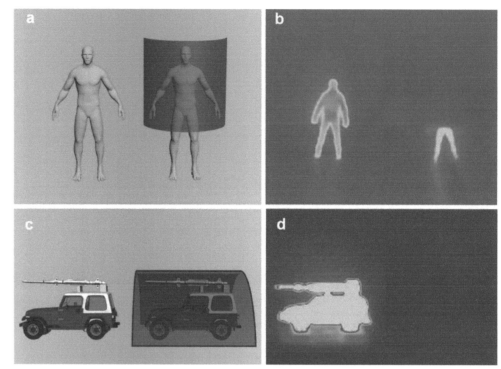

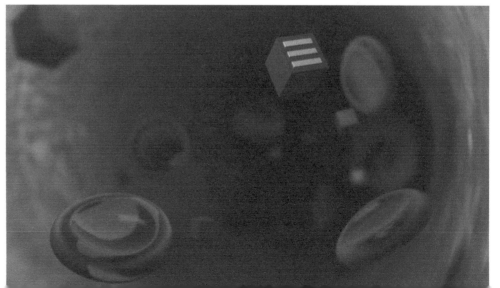

／ 위스콘신-메디슨대에서 개발한 스텔스 망토는 적외선 카메라로부터 숨길 수 있다

→ 스위스 로잔연방공과대(EPFL)는 마시는 전자칩으로 암 세포를 추적, 검진하는 기술을 개발했다

물을 인식하는 컴퓨터 비전 기술이 아닌 다리에서 느낀 감각만으로 안정감 있는 이동과 점프를 선보이고 있다.

'치타 3'를 개발한 MIT 김상배 교수팀은 2017년 7월 미국 IT전문 매체 '테크 크런치'가 주최한 'TC 세션:로보틱스 인 캠브리지, 메사추세츠' 행사에서 '치타 3'를 공개한 바 있다. 당시 치타 3는 주행 속도는 시속 50km로 달릴 수 있었다. 이는 기존 치타가 최대 시속 25km의 두 배에 달하며, 무게 또한 40kg로 가볍게 설계됐다. 또한 아마존의 에코 닷(Echo Dot)을 탑재, 알렉사를 이용해 음성 명령을 내릴 수 있다.

미국 위스콘신-메디슨대(University of Wisconsn Madison) 연구팀은 2018년 7월, 적외선 카메라로부터 고온의 물체를 숨기는 망토를 개발했다. 사람이나 군용 장비를 적외선 카메라로부터 숨길 수 있는 스텔스 물질인데 블랙 실리콘으로 만든 얇은 투명 망토로 열이 나는 물체를 덮으면 적외선이 밖으로 나오지 못해 적외선 카메라에 보이지 않게 된다.

스위스 로잔연방공과대(EPFL, cole polytechnique f d rale de Lausanne) 연구팀은 2018년 6월, 마시는 전자칩으로 암세포를 추적, 검진하는 기술을 개발했다. 세균으로 위장한 수백만개의 작은 전자센서가 포함된 용액을 환자가 마시도록 한 후 암을 비롯한 질병을 추적하는 기술이다.

마시는 전자칩은 스위스 로잔연방공과대(EPFL) 공학부 컴퓨터 및 커뮤니케이션 과학과 통합시스템 실험실과 영국 임페리얼칼리지런던 연구팀이 공동으로 개발했다.

이와 유사하게 미국 캘리포니아 버클리대(UC버클리) 연구원들도 2013년에 인간의 신경활동을 관찰하기 위해 CMOS 회로를 인간 대뇌피질에 뿌리는 개념을 제안하기도 했다.

영국 옥스퍼드대(University of Oxford) 연구팀은 2018년 7월, 한번 측정한 데이터만으로 고혈압 환자를 정확히 판별해내는 기술을 발견했다. 일상의 혈압은 작은 영향에 따라서도 수시로 바뀌기 때문에 사람의 정확한 혈압을 측정하는 것은 생각보다 쉽지 않은데 이를 데이터만으로 정확히 추정하는 알고리즘을 개발한 것이다.

다가오는 미래에 필요한 역량은 창의적으로 복잡한 문제를 해결하는 능력이 필요하다. 이들의 뛰어난 성과 배경에는 비판적 사고와 의사결정, 다른 사람과의 협업 그리고 감성적 지능과 인지적 유연성 등이다. 이는 인공지능을 비롯해, 로봇, 바이오 분야 등 첨단 컴퓨팅을 만드는 원동력이기도 하다.

세계 유수 대학들의 연구소 사례처럼 틀에 박한 대학 교육방식을 혁신하고 '가르치는 교육에서 배우는 교육(less teaching, more learning)'으로 변해야 한다. 변화의 시대를 여는 근간은 인재 육성이다. 사회의 변화를 지속적으로 견인하는 동력은 사람으로부터 나온다.

이는 세계의 대학 연구소에서 프로젝트 단위로 이루어지는 '배우는' 교육방식을 눈여겨볼 필요가 있다. 한국 대학도 첨단 기술을 빠르게 프로젝트화할 수 있도록 연구소의 근본적인 체질을 바꿔야 할 시점이다.

다행히도 한국의 대학 문화가 정해진 답만 맹목적으로 찾는 방식을 탈피하고, 스스로 생각하고 새로운 것을 발견하는 능동적이고 협업하는 분위기로 바뀌고 있다. 프로젝트 단위의 연구소를 확대, 지원을 강화하여 이론과 실습이 동시에 이뤄질 때 개개인의 전문성을 높일 수 있을 것이다.

글로벌 미디어 세계의 유리천장을 깬 첫 여성들

'149년 전통 네이처 저널, 유리천장 깬 첫 여성 편집장', '과학잡지 겸 학술지 사이언스 첫 여성 편집장', '하버드로리뷰 첫 흑인여성 편집장'

전 세계적으로 여성이 권위 있는 자리에 올랐을 때 등장하는 뉴스 제목들이다. 더군다나 처음이라는 소식은 더더욱 그렇다. 그만큼 아직도 남녀의 차별이 존재한다는 의미로 해석할 수 있다.

유리천장(Glass Ceiling)은 능력을 갖춘 구성원, 특히 여성과 소수민족 출신자들의 고위직 승진을 막는 보이지 않는 장벽을 의미한다. 1986년 월스트리트저널(The wall street journal)에서 처음 사용한 용어로 직장 여성들의 지위 상승이 어려운 현실을 표현하는 말이다.

이번 호는 미디어 세계에서 소위 '유리천장을 깬 첫 여성'이라는 타이틀을 달고 등장한 그들은 누구이고 어떤 과정을 통해 그 자리에서 능력을 발휘하고 있는지 알아보고자 한다. 그리고 그들처럼 시대를 앞서가는 여러분을 상상해보자.

필자 역시 미디어(과학/IT)에 몸담고 있지만, 복잡계 과학 권위자이자 세계적인 학술지인 '네이처'의 편집장을 지낸 마크 뷰캐넌(Mark Buchanan)의 능력을 닮고자 지금도 노력하고 있다.

↑ 사진 위 왼쪽부터 시계 방향으로 매리엣 디크리스티나(트위터), 마사 넬슨(하바드대학), 마샤 맥넛(AAAS), 소마야 자바르티(커리어우먼), 제니 민톤 베도스(   ), 아이메이메이 우마나(CurlyNikki), 마그달레나 스키퍼(트위터), 서명숙(유투브) 순이다. 괄호는 출처 표기

〈사이언티픽 아메리칸〉 편집장 '매리엣 디크리스티나(Mariette DiChristina)'

미국 과학잡지 '사이언티픽 아메리칸(Scientific American)'은 창간 164년째였던 2009년 첫여성 편집장으로 '사이언티픽 아메리칸 마인드' 기자 출신인 매리엣 디크리스티나가 임명됐다. 현재 '사이언티픽 아메리칸' 글로벌 편집팀을 총괄하며, 편집장을 겸하고 있다.

그녀는 미국 과학진흥협회 회원이며, 뉴욕대학 과학·건강·환경 리서치 프로그램 교수를 역임했고, 지금 까지도 편집장으로 활약 중이다.

〈타임〉 편집장 '마사 넬슨(Martha Nelson)'

2012년 전 세계 최대 부수를 자랑하는 미국 시사 주간지 '타임(Time)'에 여성학 저널리스트이자 페미니 스트 언론인 마사 넬슨이 타임의 90년 역사상 처음으로 여성 편집장으로 임명됐다.

포춘, 피플 등 여러 잡지를 발간하는 타임 그룹에서 20년 이상 근무한 넬슨은 3년 연속 포브스 선정 '세계 에서 가장 영향력 있는 여성 100인'에 선정된 바 있다. 당시 미국 여성계는 "넬슨이 역사를 바꾸는 데 도움이 되기를 기대한다"고 전했다.

〈사이언스〉 편집장 '마샤 맥넛(Marcia McNutt)'

네이처와 쌍벽을 이루는 미국과학진흥협회(AAAS)의 과학잡지 겸 학술지 '사이언스(Science)'는 2013년 창간 133년 만에 첫 여성 편집장으로 미국지질조사국(USGS) 박사인 마샤 맥넛을 임명했다. 그는 2016년까지 3년동안 '사이언스'를 이끈 이후 현재 미국 국립과학원(NAS) 22대 총장으로 활동하고 있다.

〈사우디 가제트〉 편집장 '소마야 자바르티(Somayya Jabarti)'

2014년 여성의 사회진출이 매우 제한적인 나라 사우디아라비아에서 국영 일간지 사상 처음으로 여성 편집장 소마야 자바르티가 임명됐다. 자바르티는 2003년 아랍뉴스에서 언론인 생활을 시작했으며, 극단적 보수성향 남성이 여성과 함께 일하기를 꺼려하는 사회 분위기 속에서도 9년 이상 부편집장으로 근무했다.

편집장 임명 당시 그녀는 한 미디어와 인터뷰에서 "이번 일로 사우디아라비아의 견고한 유리천장을 깨뜨리는 기폭제가 됐으면 한다"며, "많은 사우디아라비아 여성들에게 영향을 끼칠 수밖에 없어 책임감이 두 배로 무겁다"라고 취임 소감을 밝혔다.

〈이코노미스트〉 편집장 '제니 민톤 베도스(Zanny Minton Beddoes)'

2015년 '이코노미스트(The Economist)' 171년 역사상 처음으로 여성 편집장으로 제니 민톤 베도스을 임명했다. 특히 유명한 영국 신문사에서 여성 편집장을 선출한 것은 처음이었다. 아직도 파이낸셜 타임즈, 월스트리트 저널, 워싱턴포스트, 엘에이타임즈, 타임즈, 텔레그래프, 가디언 모두 여성 편집장이 배출되지 않고 있다.

이코노미스트의 특이한 토론·토의 문화가 있다. 매주 월요일 아침이면, 기자들은 이코노미스트 13층 편집장 사무실에 모여서 다음 이슈의 주제를 어떻게 해야 할지 뜨거운 토론이 벌어진다. 이때 편집장은 토론을 이끌거나 중재한다. 따라서 이코노미스트의 편집장이 되는데 가장 중요한 자질은 신임을 얻는 것이다.

〈하버드 로리뷰〉 흑인 여성 편집장 '아이메이메이 우마나(Imelme Umana)'

2017년 130년 역사의 미국 하버드대 로스쿨의 법률 학술지 '하버드 로리뷰(Harvard Law Review)'의 편집장으로 흑인 여성인 아이메이메이 우마나가 처음 선임됐다. 특히 이 학술지는 버락 오바마 전 미국 대통령이 1990년에 처음으로 흑인 편집장으로 임명된 바 있다.

나이지리아 이민자 가정 출신의 아이메이메이 우마나는 하버드 로스쿨 학생 중 흑인 여학생은 극소수에 지나지 않는다. 그만큼 어렵다는 얘기다. 당시 뉴욕타임즈(NYT)는 "하버드 로리뷰 편집장을 지냈다는 것은 미국 법조계에서 어디든 갈 수 있는 티켓이나 마찬가지다"라고 전했다.

〈네이처〉 편집장 '마그달레나 스키퍼(Magdalena Skipper)'

2018년 5월 과학계에 막강한 영향력을 행사하는 국제 학술지 '네이처(Nature)'가 다음 편집장으로 여성 생명과학자인 마그달레나 스키퍼를 임명하고, 7월에 취임했다. 149년 역사의 네이처에 여성이 처음으로 8대 편집장으로 앉은 것이다.

그는 영국 노팅엄대를 졸업한 뒤 케임브리지대에서 유전학을 공부하고, 졸업 후 영국왕립암연구소에서 암 연구를 하다 2001년 네이처로 자리를 옮겼다. 이후 네이처 자매지 등에서 지금까지 네이처 그룹과 일해 온 베테랑 편집자다.

참고로 직전 편집장을 맡았던 저명 화학자이자 저술가 필립 캠벨 박사는 1995년 편집장을 맡아 만 22년간 네이처를 이끌었다. 스키퍼 역시 전임 편집장처럼 오랫동안 네이처를 이끌 것으로 보인다.

시사주간지 역사상 첫 여성 편집장 '서명숙'

제주 올레길을 만든 서명숙은 '시사저널' 편집장을 역임한 시사주간지 사상 첫 여성 편집장이다. 1989년 시사저널 창간 멤버로 입사해 대한민국 내 여성 정치부 기자 1세대로 활동하다 2001년 '시사저널' 편집장에 임명됐다. 이후 '오마이뉴스' 편집국장을 끝으로 23년에 걸친 언론인 생활을 마치고 고향 제주도로 돌아가 2007년 제주 올레길을 만들었다.

마지막으로 영화 한 편을 추천한다. 영화 〈히든 피겨스(Hidden Figures)〉는 여성의 권리와 인종차별 문제가 극에 달했던 1960년대 미국 NASA에 근무하며 미국 최초의 우주인을 만드는 데 공을 세운 흑인 여성 3명의 실화를 바탕으로 만들었다.

영화 속 세 흑인 여성들은 실력으로 차별을 극복해 나갔다. 그녀들의 투쟁으로부터 57년이 흘렀으나 여전히 우리 사회의 유리천장은 가득하다. 보이지 않는 장벽으로 더 이상 전진하지 못한다고 좌절한 것이 아니라 그녀들처럼 당당하게 자신의 길을 만들어 가는 여러분이 되기를 기대한다.

깨져도 스스로 원상 복원하는 유리 개발

커피 잔을 바닥에 떨어뜨려 깨지더라도 다시 레고(LEGO)처럼 다시 조립할 수 있다면 어떨까?

오랫동안 연구원들은 스스로 치유하는 폴리머를 개발하는 데 노력을 해왔지만, 이 폴리머(Polymer)들은 실용적이지 못했거나, 조각들을 다시 합치기 위해 높은 온도가 필요했다.

그런데 최근 과학자들은 어떠한 외부 열을 필요로 하지 않고 강한 성질과 스스로 치유하는 특성 모두를 유지하는 'TUEG3(poly [thioureas] and ethylene glycol)'라고 불리는 새로운 종류의 반투명 폴리머를 개발했다. 여기서 필요한 것은 약간의 힘을 가한 것뿐이었다.

도쿄 대학의 타쿠조 아이다(Takuzo Aida) 교수 연구팀의 대학원생인 유야나기사와(Yu Yanagisawa가 새로운 접착제를 만들던 중 우연히 스스로 치료하는 물질을 발견했다. 표면이 갈라진 이 물질을 상온에서 30초 정도 살짝 누르자 균열이 붙은 것이다.

연구 결과는 'Mechanically robust, readily repairable polymers via tailored noncovalent cross-linking'

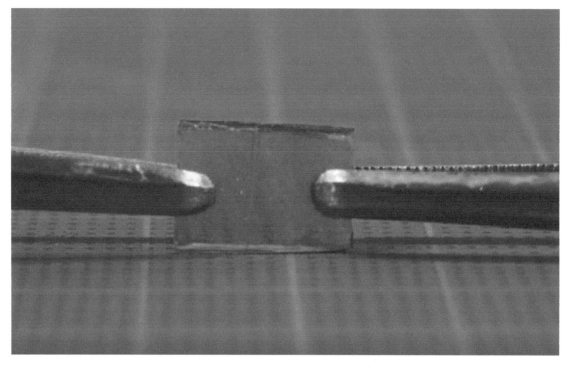

↑ 새로운 소재 TUEG3 반투명 폴리머로 잘려진 두 조각을 붙인 상태(출처: Science)

라는 제목으로 과학저널 사이언스(Science)지에 논문을 게재됐다.

재생하는 과정은 폴리머의 원자들을 함께 묶는 정전기의 '접착체'인 수소결합에 의존한다. 수소결합은 폴리머가 결정체를 이루지 않는 방식으로 분자 사슬들을 자유롭게 움직이게 하고 물질의 조각들이 압축되었을 때 쉽게 결합하는 방식으로 형성된다.

폴리머가 절단되어 30초 동안 부드럽게 압축된 후, 이 새로운 소재의 2제곱센티미터 판은 가득 찬 탄산음료 한 캔과 같은 300g의 무게를 버틸 수 있다.

훗날에, 이 단단한 폴리머는 스마트폰 액정 화면 등 전자제품 제조에 사용될 수도 있다. 언젠가는 커피가 우러나오기 전에 여러분의 머그컵이 다시 조립되도록 도울 수도 있을 것이다.

'외계항성' 찾는 구글 머신러닝

지구에서 외계행성까지 : 머신러닝으로 행성을 찾아 나선다

지난달 31일 구글코리아(Google Korea)에서 구글AI포럼이 열렸다. 구글AI포럼은 현재까지 총9회에 걸쳐 진행되고 있으며 이번 주제는 〈제9강:AI의 혁신과 천체의 발견〉으로 진행되었다. 강의에는 구글코리아 엔지니어링 총괄 디렉터인 홍준성 디렉터와 시니어 리서치 소프트웨어 엔지니어인 크리스 샬루(Chris Shallue)가 참여하였다.

홍준성 디렉터는 현재 AI에 적용되고 있는 머신러닝의 기초이론에 대해 설명하였다. 머신러닝이라는 프로그램 작동과정과 활용방안을 설명하며 기계가 스스로 학습하게 하여 AI기계를 더욱 스마트하게 발전시키겠다는 포부를 밝혔다. 또한, 크리스 샬루는 머신러닝이 천문학 영역까지 확장되고 있다고 밝혔다. 그는 최근 미국항공우주국(NASA)의 케플러 우주 망원경이 수집한 데이터 속 행성을 식별하는 머신러닝 모델 개발에 집중하고 있으며, 머신러닝을 이용해 케플러 80g와 케플러 90i라는 새로운 행성을 발견하였다.

　　21세기는 인터넷의 광범위와 모바일 디바이스의 보급으로 인한 '빅 데이터(Big Data)'가 생겨나기 시작했다. 필자는 하드웨어 기술의 발달과 분산 및 병렬처리 기술의 발달로 인한 데이터 처리 능력이 향상됨에 따라 머신러닝이 미래산업에 중심이 될 것 이라 예상하는 바이다.

머신러닝(Machine Learning)이란?

　　머신러닝을 단어로만 해석을 해본다면 기계학습이다. 이는 기계에 입력된 수많은 정보를 이용하여 예상치 못한 상황에 대응할 수 있도록 하는 일종의 인공지능의 한 분야를 말한다. 기존의 인공지능이 미리 입력된 조건으로 상황을 판단하고 결과를 출력한다면, 머신러닝은 바로바로 입력된 정보를 분석해 내용을 파악하고 미래를 예측해 나가는 방식을 의미한다.

　　컴퓨터 과학자인 아서 사무엘(Arthur Samuel)은 머신러닝의 개념을 "우리가 명시적으로 프로그래밍 할 때 사용하는 if-then-else, for-loop등을 사용하지 않고도 컴퓨터가 스스로 어떤 지식을 축적하고 행동할 수 있는 능력을 부여하기 위한 연구분야다."라고 말하였다.

　　머신러닝이 이루어지기 위해서는 한 단계 아래에 있는 딥러닝(Deep Learning)을 이용해야한다. 딥러닝은 컴퓨터의 지능을 한 차원 올려놓는 역할을 하며, 대량의 데이터와 컴퓨팅 기술을 활용해 신경망(Neural Network)을 구현한다. 이 신경망은 기본적으로 우리의 두뇌를 모방한 것으로 우리가 여러 물체를 구분하는 것처럼 컴퓨터가 데이터를 나누는 것이다.

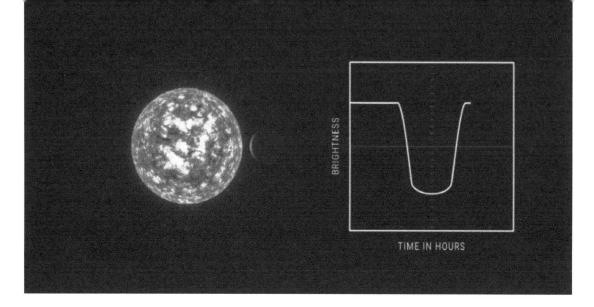

→ 공전하는 행성이 빛의 일부를 차단할 때 측정된 항성의 밝기는 약간 감소한다. 케플러 우주 망원경은 4년 동안 20만 개의 별의 밝기를 관찰하여 행성 통과로 인한 이러한 특직정인 신호를 찾아냈다.(자료: Google)

↓ 홍준성 구글코리아 엔지니어링 총괄 디렉터

→ 크리스 살루(Chris Shallue) 시니어 리서치 소프트웨어 엔지니어

홍준성 디렉터는 현재 구글포토, 구글번역, 워드렌즈(Word lens) 기능 등에 머신러닝을 이용하고 있다고 밝혔다. 덧붙여 핸드폰 카메라는 듀얼카메라를 이용해 인물사진을 촬영할 때 생동감을 주고 있지만 머신러닝을 이용한다면 하나의 카메라만으로도 똑같은 기능을 발휘할 수 있다고 말하였다.

머신러닝, 우주로의 발전

2009년 태양 주위를 돌고 있는 외계항성들을 찾기 위해 NASA에서는 케플러미션이라는 명목으로 케플러 우주망원경을 쏘아 올렸다. 케플러 우주망원경은 약 20만 개의 항성을 찾아내고 관찰하면서 약 140 억 개의 데이터 포인트를 만들어냈다. 즉, 약 2000 조 개의 행성 궤도가 존재한다는 것이다. 크리스 살루는 다량의 데이터를 검토하기에는 많은 시간이 걸리기 때문에 구글은 머신러닝을 천체발견에 이용했다고 밝혔다.

케플러 우주망원경은 오랜 기간 동안 별의 밝기를 관찰했다. 공전으로 인한 별의 별기에 변화가 있다는 것이다. 이를 통해 얻은 데이터에는 움푹 들어간 빛의 곡선이 생성되었다. 행성이 아닌 별 공전할 때, 밝기가 줄어드는 순간 부드러운 곡선이 아닌 뾰족한 곡선으로 데이터가 생성됨이 밝혀졌다.

2단계의 케플러 우주망원경을 기반으로 하여 먼저 컴퓨터 알고리즘을 사용하여 천문학자들이 신호 하나하나를 식별하여 분류했다. 분류된 15,000개 이상의 케플러 신호로 이뤄진 데이터세트를 이용하여 행성과 행성이 아닌 것을 판별하는 텐서플로(Tensorflow) 모델을 개발했다. 이는 빛의 곡선으로 이뤄진 데이터 세트를 입력하고 행성인지 아닌지를 구별하도록 학습시켰다. 항성 주위의 행성을 구분하는 방법을 학습시킨 이 모델은 별 표면의 흑점, 케플러 우주 망원경의 태양열 패널, 쌍성과 같은 다른 물체로 생성된 패턴과 실제 행성으로 인해 생성된 패턴을 구별했다.

구글은 텐서플로 모델을 이용해 새로운 행성을 찾을 거라는 목표를 세웠다. 광범위한 정보를 줄이기 위해 검색범위를 좁혀 지금까지 2개 이상의 외계행성을 보유하고 있는 항성 670개를 살펴보기로 했다. 결과적으로 96% 라는 정확도를 가진 텐서플로 모델을 이용해 케플러 90i와 케플러 80g를 발견해냈다.

발견된 케플러 90i는 항성 케플러 90을 공전하는 8번째 행성으로, 지구보다 30% 더 크기가 크고 공전주기는 14일로 표면 온도는 약 426℃로 생명체가 살기에는 적합하지 않았다. 태양과 지구 사이에 존재하는 케플러 90은 우리 태양계 외부에 존재하는 태양계 중 최초로 8개의 행성을 보유한 항성이 되었다.

미래의 도전과제로 뽑힌 아직 해결되지 않은 문제는 관측하는 별을 측정하는데 뒤의 별의 밝기와 그를 공전하는 행성이 같이 측정된다는 문제이다. 모항성의 밝기를 낮추는 간섭이 발생되어 뒤 항성의 공전을 모항성을 공전하는 것처럼 보이게 된다는 것이다. 이를 해결하기 위해 위치정보를 적용하고 검색범위를 항성 670개에서 20만개로 확대할 예정이다. 이 과정에서 적당한 온도를 가진 행성이 발견된다면 생명체의 존재 여부도 확인할 계획이라고 밝혔다.

AI는 구글의 최종 도착지

홍준성 디렉터는 1998년 세르게이 브린(Sergey Brin)과 함께 구글을 창업한 공동창업자인 래리 페이지(Larry Page)가 "AI는 구글의 최종도착지가 될 것이다." 라고 언급했다고 밝혔다. 그만큼 AI는 인류에게 큰 변화를 줄 것으로 예상된다. 지금도 AI는 인류의 생활 속에 점점 자리 잡아가고 있다.

지난 2017년 이세돌 9단에게 패배를 안겨준 알파고가 AI의 대표적인 예이다. 머신러닝을 기초로 개발된 AI인 알파고는 이세돌 9단의 바둑 패턴과 전략을 스스로 배운 알고리즘을 통해 분석한다. 이를 통해 세계 최고의 바둑기사인 이세돌 9단의 수에 모두 맞설 수 있는 것이다.

또한 2017년 10월 국립파리은행인 BNP의 BNP파리바그룹은 거래 매칭 지연완화를 위해 AI를 적용하고 있다고 하였다. 파리바 보안 기관은 인공지능을 사용해 브로커 및 고객에게 수동개입이 필요할 수도 있는 실시간 거래를 경고하는 거래 매칭 도구인 스마트 체이서를 시행한다.

BNP 파리바 보안기관의 중앙사무소 제품부문 글로벌 책임자인 토마스 듀리프(Tomas Durif)는 "예측 분석을 이용한 스마트 체이서는 과거 데이터를 분석하여 과거 수동개입이 필요한 거래 패턴을 파악하고, 고객 및 브로커에게 실시간 거래활동에 대해 미리 경고하여 즉시 조치를 취할 수 있다."고 밝혔다.

스마트 체이서를 이용했을 시 은행은 지연된 거래 일치 가능성을 예측할 수 있고, 지연 기고자를 확인하며 중앙 사무소 운영 팀이 관련 고객에게 보낼 미리 디자인된 이메일 템플릿을 제시할 수 있게 된다.

하지만 AI의 확산이 좋다고만은 할 수 없다. AI를 통해 인류의 편의가 보장되고, 기술이 발전해 나갈 수는 있지만 AI의 확산으로 인한 무인(無人)시대가 초래될 것으로 예상된다. AI기술의 확장에 따라 인공지능 로봇을 비롯한 AI 계산시스템, AI 주유 및 판매 시스템이 점진적으로 도입된다면 인간이 설 수 있는 자리가 과연 몇 개나 남아있을 지에 대해 생각해 봐야할 것이다.

2장 디지털 기술

Digital Technology

'머신러닝 알고리즘'으로 박쥐들의 대화 번역

박쥐가 내는 끽끽 소리에는 미묘한 뉘앙스가 숨어있다. 그들의 일상적인 발성은 특정 개체를 향한 '메시지'로, 불특정 다수를 향한 '방송'이 아니다. 그리고 얼핏 들으면 다 그게 그거 같지만, 그들의 소리에는 발신인(emitter), 수신인(addressee), 맥락(context), 행동(behavior)에 관한 정보가 담겨있다.

동물의 세계에서 벌어지는 말다툼을 엿들으려고 굳이 〈둘리틀 박사의 바다 모험〉에 나오는 여러 동물들과 대화 할 줄 아는 괴짜 시골 의사 둘리틀 박사까지 될 필요는 없을 것 같다. 이집트 과일박쥐(Rousettus aegyptiacus)를 연구하는 과학자들은 "박쥐들이 내는 소리들을 분석해 '누구와 누가 말다툼을 하는지', '도대체 무슨 일로 옥신각신하는지'를 알아내고, 심지어 '말다툼의 결말이 어떻게 날 것인지'까지도 예측하는 방법을 개발했다"고 한다.

이번 연구의 공동저자인 이스라엘 텔아비브 대학교(Tel Aviv University in Israel)의 요시 요벨(Yossi Yovel) 박사(동물학과)는 "'인간의 언어는 어디에서 왔는가'는 전 세계적인 관심사다. 이 의문을 해결하려면, 먼저 동물의 의사소통을 연구해야 한다. 그리고 동물의 의사소통(참고)에 관한 큰 의문 중 하나는 '얼마나 많은 정보가 전달되는가'이

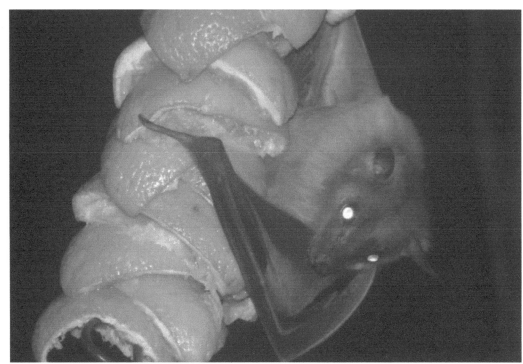

↑ Image Source: England Cotswold Wildlife Park

다."라고 말했다.

이어 "아프리카와 중동 지방에서 흔히 서식하는 이집트 과일박쥐는 사회적 동물이다. 그러나 그들이 옹기종기 모여 쉴 때 내는 소리를 인간의 귀로 분간하는 것은 거의 불가능하며, 그저 모두 공격적인 소리로 들릴 뿐이다. 기본적으로 그들은 서로를 향해 고래고래 소리를 지른다"고 설명했다.

그러나 요벨 박사가 이끄는 연구진은 〈Scientific Reports〉에 기고한 논문에서, 박쥐들이 끽끽 거리는 소리들의 의미를 어떻게 분석하게 되었는지를 차근차근 설명했다(참고).

연구진은 기존 인간의 음성을 인식하는 데 사용되는 머신러닝(machine learning) 알고리즘을 활용했다. 머신러닝 알고리즘은 일종의 인공지능(AI)으로서, 훈련 데이터(Training Data)를 통해 학습된 알려진 속성을 기반으로 예측에 초점을 두고 있다. 알고리즘 유형으로는 지도 학습, 자율 학습, 준 지도 학습, 강화 학습, 심화 학습 등이 있다.

연구진은 ▷ 먼저 22마리의 박쥐들을 두 그룹으로 나눠 별도의 케이지에서 사육하면서, 75일간에 걸쳐 오디오와 비디오 영상을 기록했다. ▷ 그런 다음 비디오 영상을 분석하면서, 연구진은 '어떤 박쥐들이 서로 언쟁을 벌이는지'와 '각각의 언쟁은 어떻게 결말이 나는지'를 일일이 규명하여, ▷ 그들이 옥신각신하는 의도를 크게 네 가지로 분류했다. ① 잠자리를 둘러싼 다툼, ② 먹이를 둘러싼 다툼, ③ 횃대에서의 자리다툼, ④ 짝짓기를 둘러싼 갈등(원치 않는 상대의 집적거림)

▷ 그 다음으로, 연구진은 일곱 마리의 암컷 성체(adult female)들이 내는 약 15,000가지 소리들을 이용해 머

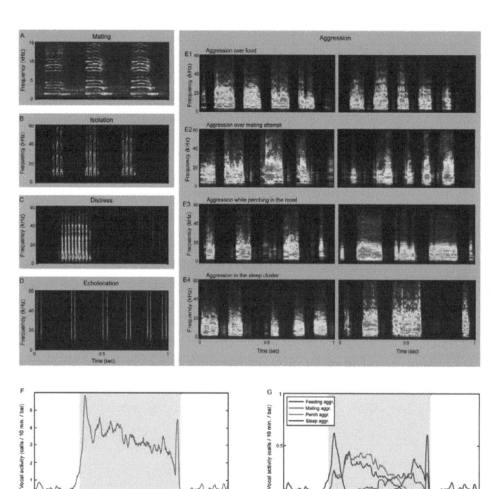

←A: 짝짓기, B: 고
립, C: 스트레
스, D: 반향정위
(echolocation) E:
① 먹이를 둘러싼
다툼, ② 짝짓기를
둘러싼 갈등, ③ 횃
대에서의 자리다
툼, ④ 잠자리를 둘
러싼 다툼 F, G: 하
루 일과 중 언성이
높아질 때

신러닝 알고리즘을 훈련시켰다. 각 각의 소리들은 시스템의 정확성을 테스트하기 전에 비디오 영상에서 얻은 정보를 이용해 범주화했다.

훈련 결과, 알고리즘은 소리의 주파수만을 근거로 어떤 박쥐(emitter)가 내는 소리인지를 분간하고(정확도: 71%), 그들이 무슨 문제로 언쟁을 하는지를 알아내는(정확도: 61%) 것으로 밝혀졌다. 그리고 정확도는 떨어지지만, 특정 소리가 누구(addressee)를 겨냥하는지도 알아냈고, '언쟁의 결말은 무엇인지, 박쥐들이 결별할 것인지 말 것인지, 만약 결별한다면 누가 떠날 것인지'를 예측할 수 있는 것으로 밝혀졌다.

이집트 과일박쥐가 내는 소리의 독특한 유형

요벨 박사는 "소리의 차이에는 미묘한 뉘앙스가 있다. 우리가 발견한 것은, 특정한 음높이(pitch) 차이가 서로 다른 범주를 특징짓는다는 것이다. 그러나 그렇다고 해서 '짝짓기와 관련된 소리가 고음이고, 먹이다툼과 관련된 소리가 저음이다'라고 일률적으로 말할 수는 없다"라고 말했다.

이어 "이번 연구에 의하면, 박쥐들이 매일 일상적으로 내는 소리에도 풍부한 정보가 담겨있는 것으로 보인다. 우리가 종전에 '여기서 꺼져!'라고 알고 있었던 발성(vocalization)에도 사실은 많은 정보들이 담겨있는 것으로 밝혀졌다. 음높이 말고도, 향후 패턴이나 강세(stress)와 같은 요소들까지 추가로 분석하면, 박쥐의 소리에 코딩되어 있는 정보를 좀 더 상세하게 알아낼 수 있을 것이다"라고 덧 붙였다.

유니버시티칼리지런던(UCL)의 케이트 존스(Kate Jones) 박사(생태학, 생물다양성)는 "박쥐의 사회적 행동을 해석한 것은 로제타석(Rosetta stone)에 새겨진 글귀를 해독한 것이나 마찬가지다. 박쥐의 발성을 일부 해독하고, 그 속에는 지금껏 우리가 생각했던 것보다 훨씬 더 많은 정보가 포함되어 있음을 알아냈다니 참으로 대단하다"라고 평가했다.

이어 존스 박사는 "연구진이 사용한 '박쥐들 간의 사회적 신호에 기반을 둔 접근방법'을 이용하면, 다른 동물들의 의사소통 방법을 연구하는 데도 도움이 될 것으로 보인다. 그렇게 될 경우, 동물의 의사소통을 이해하는 새 세상이 열리게 될 것이다"라고 말했다.

논문초록

음성을 이용한 동물의 의사소통은 종종 다양하고 구조화되어 있다. 그러나 동물의 발성 속에 숨어있는 정보는 아직 알려지지 않았다. 많은 선행연구들에 의하면, 동물들이 내는 소리에는 발신자(emitter)와 맥락(context)에 대한 정보가 담겨있다고 한다. 그러나 선행연구들은 종종 특정한 종류의 소리만을 집중적으로 연구했다. 왜냐하면, 모든 레퍼터리를 한꺼번에 분석한다는 게 거의 불가능하기 때문이다.

우리는 이번 연구에서, 이집트 과일박쥐들이 내는 소리를 몇 달 동안 연속적으로 모니터링하며, 오디오와 비디오를 하루 24시간씩 내내 기록했다. 우리는 박쥐들이 일상적인 상호작용에 수반되는 15,000개의 발성을 분석하여, 모든 발성은 특정 개체를 향한 '메시지'이며, 불특정 다수를 향한 '방송'이 아니라는 사실을 발견했다.

또한 박쥐의 발성에는 ① 발신자의 신원, ② 소리의 맥락, ③ 소리에 대한 행동반응, ④ 수신자의 신원에 대한 정보가 풍부하게 담겨있는 것으로 밝혀졌다. 이번 연구결과는 동물이 일상적으로 음성을 이용하여 1:1로 '목표지향적 상호작용'을 한다는 것을 시사한다.

4차산업혁명과 인공지능(AI)의 미래

4차산업혁명으로 일컫지는 시대에 가장 핵심적인 기술은 단연코 인공지능이다. 사물인터넷, 로봇, 드론, 클라우드. 무인 자율주행차 등 시스템에 인공지능은 필수적으로 탑재 되어야 하는 소프트웨어다.

인공지능, IoT, 클라우드 컴퓨팅, 빅데이터 등이 융합되면서 세계는 이미 4차산업혁명에 진입했다. 이는 과거 산업혁명이 '기계근육'을 만드는 과정이었다면 4차산업혁명에서는 '기계두뇌'가 탄생하고 있는 것이다.

인공지능의 원조국은 영국이다. 1940년대 영국 천재 수학자 앨런 튜링이 고안한 생각하는 기계 '튜링머신' 이후 1956년 미국 다트머스대학에서 열린 콘퍼런스에서 존 매카시가 최초로 '인공지능'이란 용어를 사용하면서, 수학, 철학, 공학, 경제 등 다양한 영역에서 학문으로서 인공지능이 연구됐다. 그리고, 인공지능 연구의 황금기를 거친 후 1970년대에 연구실적의 저조로 1차 암흑기를 맞았다가 1980년대 들어서 '전문가 시스템'이라고 불리는 인공지능 연구로 다시 부흥기를 맞았다. 하지만, 주목할 만한 몇몇 연구 결과가 나왔음에도, 즉각적인 결과를 산출하지 못해 또다시 인공지능의 겨울이 찾아와 2차 암흑기를 맞았다.

이후 1990년대 들어서, '지능형 에이전트'라고 불리는 새로운 방식이 도입되었고, 가장 최근에는 빅데이터 시스템과 머신러닝 분야의 발전으로 인공지능 분야도 급격하게 발전을 하게 되는데, 이번에는 인공지능 연구가 이전보다 좀 더 구체적인 목적아래 기계학습, 로보틱스, 컴퓨터 비전과 같은 하위 영역으로 이동했다. 반면, 순수한 인공지능에 대한 연구는 그만큼 매우 제한적으로 수행되고 있다.

따라서, 일부이기는 하지만 소수의 인공지능 전문가들은 이 같은 연구가 한계점에 도달해 또다시 암흑기가 찾아 올 것이라는 조심스러운 전망도 내놓고 있다.

제프 호킨스 인공지능 업체 '누멘타' 공동설립자는 한겨레 기고를 통해 "딥러닝으로 대표되는 인공신경망 네트워크도 구식이다."라며 뇌에 대한 새로운 접근이 필요하다고 말하고 있다. 호킨스는 스마트폰의 기원이 된 초창기 PDA 팜파일럿의 설계자이며, 뇌과학의 신피질의 작용과 인공지능 적용 가능성을 탐구한 책 '생각하는 뇌, 생각하는 기계' 저자로 유명하다. 그가 설립한 누멘타의 인공지능 '계층형 시간 메모리(HTM)'는 인간 뇌와 가장 닮았다고 평가받고 있다.

그는 "인공지능이라는 용어가 혼란스럽게 쓰이고 있다. 머신러닝은 인공신경망이나 딥러닝 등을 통해 데이터를 학습한다는 점에서 좁은 의미의 인공지능에 가깝다. 머신러닝처럼 데이터를 학습하지만, 생체신경망 접근법에 서 있는 지능을 나는 '기계지능'이라고 부르고자 한다. 물론 풀어야 할 숙제가 많다. 그러나 생체신경망이 진정한 기계지능에 이르는 가장 빠르고 가까운 길이라고 나는 생각한다"라고 주장하고 있다.

지금의 머신러닝 딥러닝이 또다시 암흑기에 떨어질 수도 있다는 얘기다. 현재 연구 중인 인공지능은 신약 개발에 비유하자면, 99.95% 안정성을 얻기까지 한참 부족하다. 자율주행차를 비롯해 드론 등 많은 영역이 인간의 생명과 직결되는 문제이기 때문이다. 따라서 그가 말한 생체신경망이라는 단어를 주목할 필요가 있다. 또한 여기서 더 확장해 생체를 모방한 인공지능을 살펴보자.

2015년 미국 IBM 리서치를 주축으로 코넬대학 연구원들이 기존 컴퓨터 칩과는 전혀 다른 우뇌 기능의 '브레인 칩'을 개발했다. 이를 뉴로모픽(Neuromorphic)이라 하는데 뉴런(Neuron)과 시냅스(Synapse) 구조를 모방한 인간 두뇌와 같은 원리로 동작하는 컴퓨터용 프로세서 칩 '트루노스(TrueNorth)'을 개발했다. 그것도 우표 크기의 컴퓨터 칩이다.

이전에 인텔과 퀄컴 등도 뉴로모픽칩을 개발했다고 발표했지만, 실험실 수준이 아닌 공장 생산이 가능한 형태로 브레인 칩을 만든 건 IBM이 처음이다.

현재까지 알려진 인간의 뇌는 약 1000억 개의 신경세포(뉴런)로 이루어져 있다. 각각의 뉴런은 약 100조 개의 시냅스를 통해 복잡하게 연결되어 있다. 뉴런은 시냅스를 통해 화학적 신호(신경전달물질)를 주고받으며 정보를 처리하고 저장한다. IBM이 개발한 트루노스는 인간의 뇌처럼 정보를 처리한다. 54억 개의 트랜지스터를 사용해 약 100만 개의 '디지털 뉴런'과, 2억 5600만 개의 '디지털 시냅스'를 만들었다. 이렇게 만든 트루노스 칩으로 길거리를 지나는 사람과 자동차와 자전거 등의 물체를 실시간으로 식별해 내는 데 성공했다. 소위 '인지컴퓨팅(Cognitive computing)'의 발판을 연 것이다.

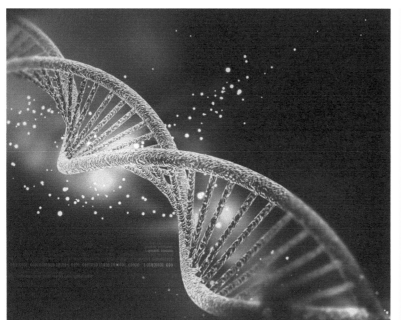

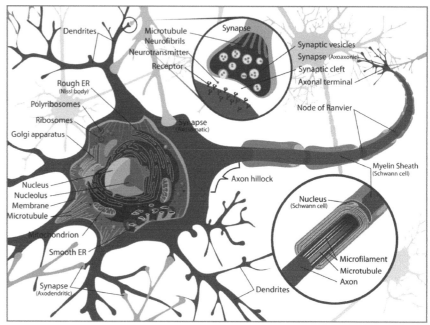

또 일반적인 컴퓨터용 칩들을 사물을 직관적으로 인식하거나 의미와 맥락을 파악하는 것도 불가능하지만 트루노스는 인간의 두뇌와 마찬가지 방식으로 외부 신호를 감지하고 인식하는 것이 특징이다. 우표 크기의 하나의 칩에 시냅스＋뉴런＋통신 기능을 융합한 것이다.

현재 IBM은 트루노스를 16개, 64개, 256개, 1024개 등의 순으로 계속 연결해 인간의 뇌 성능에 도전한다는 야심 찬 계획을 갖고 있다. 따라서 향후 시각 기능을 갖춘 뉴로모픽 칩이 실용화되면 시각장애인용 안경 등에 활용될 수 있다.

2017년 2월, 인공지능을 뛰어 넘어 생체지능(BI, Biology Intelligence)으로 가는 차세대 뉴로모픽 컴퓨팅을 위한 유기물질로 만든 인공시냅스가 미국 스탠포드대, 네덜란드의 그로닝겐대, 미국과 뉴멕시코의 샌디아 국립연구소의 과학자들에 의해 개발됐다.

정보를 처리 및 저장하고, 학습하는 인간두뇌의 시냅스와 똑같은 유기 인공시냅스를 만드는데 성공한 것이다. 이로써 두뇌의 정보 처리, 저장, 학습, 기억의 메커니즘을 모방하는 뉴로모픽 컴퓨팅, 딥 러닝 이후의 뉴런과 시냅스의 다층적 생체지능과 두뇌-기계-인터페이스(BMI) 기술에 획기적인 혁신이 이루어질 것으로 기대하고 있다.

이 인공 시냅스 디바이스의 모든 부분이 저렴한 유기물질로 이루어져 있다. 한 마디로 생물전자 기기라는 것이다. 이러한 유기물질들은 두뇌 시냅스의 신경전달물질인 화학물질과 호환되는 수소와 탄소로 주로 이루어져 있다. 따라서 언젠가는 인간 뉴런을 통해 인공 시냅스를 훈련시킬 수 있어 최근 페이스북과 테슬라가 추진하고 있는 일종의 텔레파시로 불리는 뇌와 기계가 연결되는 두뇌-컴퓨터/기계-인터페이스 (BCI/BMI)로 발전할 것이다. 또 인간처럼 시각 신호와 청각 신호를 동시에 처리하는 컴퓨팅이 나올 것이다.

2017년 3월, 미국 콜롬비아 대의 컴퓨터과학과, 공대, 시스템생물학과와 뉴욕의 뉴욕게놈센터의 과학자들이 컴퓨터 운영시스템(OS)과 영화를 DNA에 저장하는데 성공했다.

이 새로운 코딩 방법은 DNA분자의 저장 능력을 극대화한 것으로, 앞으로는 스마트폰이 아닌 DNA에 스트리밍 비디오나 게임을 코딩하는 새로운 알고리즘 시대를 열 것이다. DNA를 이루는 아데닌(A), 시토신(C), 구아닌(G), 티민(T)이라는 4개의 염기에 분산 저장하고 보다 많은 정보들을 코딩 할 수 있을 것이다.

그러나 약점도 있다. DNA는 4개의 문자(A-C-T-G)로 이루어져 있는데, 여기에 0과 1의 이진수를 코딩하는 것이다. 아예 4진수의 알고리즘이 개발되지 않는 한 확장하는데 한계가 있지만, 언젠가는 우리 몸의 세포 전체가 기억 장치인 만큼, 생물학적 메커니즘을 밝혀 지금의 이진수와 호환되는 하이브리드에 도전해야 한다.

또한 IBM이 개발한 '트루노스'의 디지털 뉴런과 시냅스의 수는 인간의 실제 뇌의 뉴런 및 시냅스와 비교하면, 이제 0.0004%를 모방하는 뇌가 나왔다. 지금 이대로의 기술 발전이라면 SF영화에 나오는 진짜 인간 두뇌와 같은 컴퓨터는 수천 년 이후에나 가능하다는 얘기다.

인공시냅스 디바이스 역시도 생물학적 시냅스가 움직이는데 필요한 최소의 에너지 보다 10,000 배 정도의 에너지를 사용하고 있다. 앞으로 우리 두뇌에 있는 시냅스를 100% 모방하기란 그리 쉽지 않다는 것으로, 아직 갈 길이 멀다는 뜻이다.

결론은 지금의 인공지능 알고리즘은 인간의 신경망을 모방하는 것이어서, 신경세포와 시냅스와 비신경세포로 이루어진 인간의 두뇌를 따라오기란 그리 쉽지 않다. 그리고 지금의 인공지능의 한계는 최대가 95%인데, 이를 99.95% 수준 이상으로 높여야 하는 방법과 알고리즘을 찾아야 한다.

신경세포와 시냅스와 비신경세포의 메커니즘을 밝혀 인공지능에 융합해야 하고, 이들 안에 들어 있는 유전자, 유전자가 생산하는 단백질, 히스톤 변형 등의 후성유전, 신진대사, 환경 등에 따라 항상성과 의사결정이 바뀐다. 따라서 인간의 뇌와 같은 인공지능을 개발하려면, 지금의 신경망 알고리즘에 한 차원 높은 다른 알고리즘들이 융합되지 않는 한 갈 길이 먼 것이다.

이외에 잠깐 주목을 받은 바 있는 인간의 언어유전자인 FOXP2와 같은 유전자 정보도 찾아 반드시 지금의 인공지능에 추가되고 융합되어야 하고, 자연지능도 더 많이 연구해야 한다. 그래야 인간처럼 언어와 행동 등의 맥락을 이해하고 분석, 추론할 수 있다. 설사 이러한 여러 알고리즘들이 융합된다 해도 그것은 끝이 아니라 또 다른 시작일 뿐이라는 것이다. 그렇기 때문에 우리에게 더 많은 기회가 있는지도 모르겠다.

페이스북, 획기적인 AI 번역기술 개발

페이스북 AI 연구소, '2개 언어 쌍' 없이 새로운 실시간 번역기술 개발

페이스북이 학습 데이터가 필요 없이 기계 번역의 성능을 획기적으로 향상시킨 인공지능(AI) 기술을 개발했다. 앞으로 페이스북 번역이 구글을 능가할 것이라는 전망도 조심스럽게 나오고 있다.

구글 번역의 경우 2016년 '신경망 기반 자동번역(NMT, Neural Machine Translation)'라는 시스템을 도입해 번역의 질이 크게 향상됐다. 하지만 기존 방식은 인간이 만든 '훈련 데이터(Labeled data)'를 필요로 한다는 단점이 있었다.

2015년 캐나다의 연구 기관인 MILA(Montreal Institute for Learning Algorithms)에 의해 기계 번역을 가능케 하는 인공지능 기술이 개발됐다. 구글 번역에 이용되는 MILA 신경망 기반 자동번역은 문장을 구문마다 번역하는 것이 아니라 한 번에 모든 문장을 번역해 문맥에 따라 변화하는 단어의 의미도 추론할 수 있다. 이에 구글 번역의 질은 놀라울 정도로 향상됐다.

하지만 신경망 기반 자동번역은 번역하는 2개 국어 문장이 쌍으로 필요하다. 영어와 스페인어 사이의 번역을 하려면 'I like to eat'(영어)과 '나는 먹는 것을 좋아한다.'(한국어) 두 가지가 필요하다. 하지만 이러한 언어쌍이 충분하지 않은 영어와 파키스탄과 인도의 공용어 가운데 하나인 우르두어 간의 번역 등은 잘 작동하지 않는다.

그 이후로 번역 성능을 높이기 위해 연구자들은 이 같은 쌍을 필요로 하지 않는 UNMT(Unsupervised Neural Machine Translation) 개발에 몰두해 왔다.

2018년 8월 31일(현지시각), 세계적 인공지능 대가인 얀르쿤(Yann LeCun)이 이끄는 '페이스북 인공지능 연구소(FAIR, Facebook AI Research)'가 우르두어 영어 사이처럼 쌍이 적은 언어의 번역을 극적으로 향상 시킨 논문을 발표했다.

기계학습 자동번역 결과 평가 기준의 하나인 BLEU(Bilingual Evaluation Understudy)에서 1BLEU 포인트가 '놀라운 성과'라고 평가된다. 그런데 페이스북의 새로운 기술은 10BLEU 포인트 이상의 향상 됐다는 것이다.

참고로 기계학습 자동번역에서 성능을 평가하기 위한 방법으로 BLEU라는 방법을 사용한다. 요약하면, 하나의 영어 문장이 있다고 할 때 이 문장을 여러 사람이 번역한다. 이것을 각각 ref1, ref2라고 하고 기계번역으로 번역한 것을 mt라고 했을 때 mt의 결과를 unigram, bigram, trigram으로 각각 ref1, ref2에 몇 번 나타나는지를 계산하는 방식이다.

인공지능에 기계학습을 실행하게 하는 경우, 미리 준비해 둔 훈련 데이터를 학습시킬 필요가 있다. 이 훈련 데이터의 생성은 지금까지 인간이 수동으로 해야 하는 엄청난 노력이 필요했다.

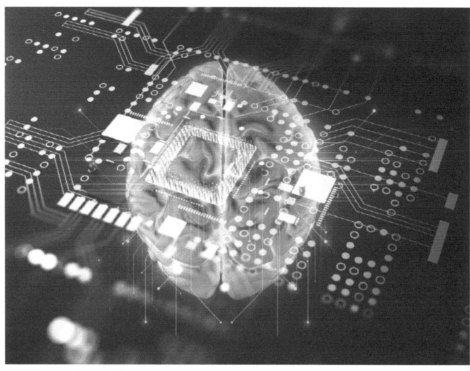

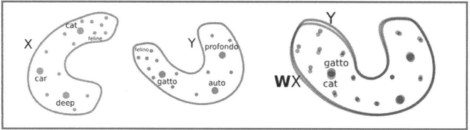

출처: Facebook
Engineering Blog

출처: Facebook
AI Research

하지만 페이스북의 새로운 기술은 훈련 데이터의 작성을 필요 하지 않는다. 예를 들어 '고양이' 라는 라벨이 붙은 훈련 데이터가 없어도 사진에 찍힌 것이 고양이라고 판단할 수 있다. 이 기술은 이미 잃어버린 과거의 언어로 쓰인 문서를 번역하거나, 아프리카 남동부 지역의 스와힐리어와 같은 자주 사용되지 않는 언어를 실시간으로 번역하는 것이 가능할 것으로 보여 진다.

페이스북의 새로운 번역 기술의 핵심은 다음 3가지 기술을 결합한 것으로, 모두 과거에 개발된 것이다.

■ 단어 분할(Byte-pair encodings) : 페이스북의 기술에서는 "hello"라는 단어 전체가 시스템에 제공하는 것이 아니라, hello를 'he' 'l' 'l' 'o' 라는 4개의 파트로 나누어 시스템에 제공한다. 이는 'he(그)' 라는 말을 몰라도 'he' 의 번역이 가능하다. 단어를 더 짧은 단위로 분할해 실질적으로 알 수 없는 단어를 제거 할 수 있다는 의미다.

■ 언어 모델(Language model) : 언어 모델의 품사와 통사론 구조, 단어와 단어, 문서와 문서의 관계를 공식화 한 것이다. 이를 통해 보다 자연스러운 문장을 판단 할 수 있으며, 'how is you' 를 'how are you' 로 수정 할 수 있다.

■ 재귀 번역(Back-translation) : 사용자가 영어에서 스페인어 번역하려고 할 때, 시스템은 신경망을 통해 스페인어에서 영어로 역 번역한다. 이를 사용해 합성 데이터를 생성해 데이터의 양이 증가하고 신경 번역 모델을 최적화하는 것이 가능하게 된다. 페이스북의 새로운 시스템은 위 3가지 기술을 신경망 기반 시스템(NMT)과 구문 기반 시스템(PBSMT) 방식으로 결합했다. NMT와 PBSMT은 모두 단독으로 번역의 질을 높일 수 있지만, 두 가지 방식을 동시에 사용하면 매우 좋은 결과를 얻을 수 있다. 한편, 페이스북은 무료로 코드를 깃 허브(Git Hub)에 공개하고 있어, 누구나 시스템을 구축할 수 있다.

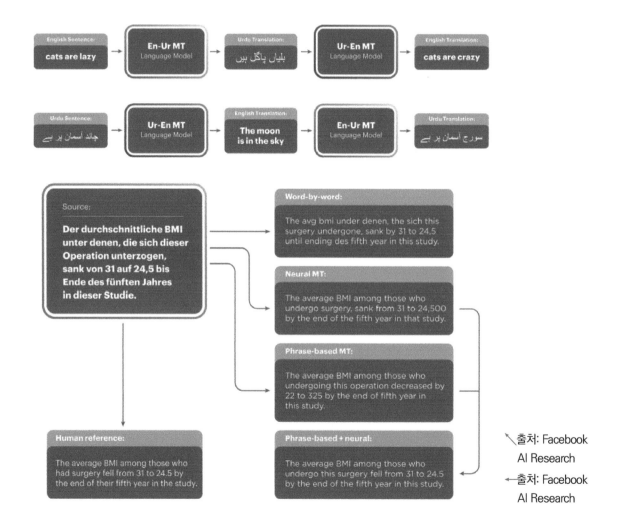

출처: Facebook AI Research

출처: Facebook AI Research

사물인터넷(IoT), 센서에 인공지능을 심다!

애플이 지난 6월5일(현지시간) 미국 캘리포니아 주 새너제이 시 매케너리 컨벤션센터에서 열린 연례 개발자행사 'WWDC 2017'에서 머신러닝 프레임워크인 '코어 ML(Core ML)'을 발표했다.

애플은 비전(Vision) API와 자연어처리(NLP, Naural Language Processing) API가 적용된 '코어ML'을 최신 모바일 운영체제 iOS 11에 포함해 다양한 머신러닝 모델을 모바일 디바이스에서 직접 구동시킬 수 있다. 개발자들은 애플의 아이폰, 아이패드, 애플 워치 등에서 다양한 인공지능(AI) 기능을 개발할 수 있다.

애플 측의 설명에 따르면, "이미지 인식의 경우 아이폰에서 실행하는 것이 구글이 자체 개발해 출시한 프리미엄 스마트폰 '픽셀'에서 보다 6배 더 빠르다"고 주장했다.

이 말은 코어ML이 클라우드 서버를 사용하지 않고 기기에서만 동작하기 때문에 속도가 현격하게 빠를 수밖에 없다는 얘기다. 또한 개인정보 걱정이 없어 애플의 사생활 보호 정책에 부합한다.

앞서 구글도 지난 5월 '구글 I / O 개발자 컨퍼런스'를 통해 모바일 기기 환경에 최적화된 머신러닝 프레임워크 버전인 텐서플로 라이트(TensorFlow Lite)를 선보였다. 인공지능에 특화된 모바일 칩을 개발해 스마트폰 등 모바일 기기에서 저전력으로 머신러닝 구현을 빨리 처리하겠다는 것이다.

페이스북 역시 2016년 11월, '카페투고(Caffe2Go)'라는 머신러닝 프레임워크를 선보였다. 이 기능은 스마트폰에서 이미지를 반 고흐나 렘브란트 등 유명 화가의 예술 작품으로 변신시켜 주는 아트 필터를 사용 할 수 있다. 특히 카페투고 기능은 실시간으로 가능해 동영상으로까지 확대 될 전망이다.

지금까지는 사용자의 스마트폰에서 인공지능 구현은 머신러닝 연산 특성상 대용량의 데이터를 처리해야 하기 때문에 클라우드 서버로 전송해야 했다. 따라서 전송부터 응답까지 시간 지연이 생길 수밖에 없다. 또한 필수적으로 인터넷이 연결되어야 하는 단점이 있을 수밖에 없다.

그런데 글로벌 IT 선두기업들은 기존 머신러닝 프레임워크를 동일하게 적용해 스마트 기기에서 미리 학습된 머신러닝 모델을 탑재하고, 네트워크 상태가 불안정하거나 인터넷 연결 없이도 인공지능 기능을 온전히 사용자 경험(UX)으로 제공할 수 있고, 속도 또한 높이는 기술개발에 온 힘을 쏟고 있다.

전 세계 인공지능 분야 4대천왕 중 한 명인 앤드류 응(Andrew Ng)은 최근 자신의 트위터 계정을 통해 "인공지능 연산이 클라우드에서 엣지(Edge)로 전환되고 있는 이런 새로운 변화는 사용자의 사물인터넷(IoT)을 촉진시킬 것"이라며, "따라서 이로한 패러다임은 새로운 승자와 패자를 만들어 낼 수 있다"라고 예고하고 있다.

실제로 클라우드 컴퓨팅 시대가 지고, 엣지 컴퓨팅 시대가 오고 있다는 설득력 있는 주장도 나오고 있다.

엣지 컴퓨팅(Edge computing)이란 하드웨어와 가까운 위치에서 데이터를 분석하고 인공지능 구현이 가능한 컴퓨팅 기기를 탑재한 기술이다. 기존 중앙 서버에서 데이터를 처리하는 클라우드 컴퓨팅과는 반대되는 개념이다.

특히 사물인터넷 분야에서 자율주행차량이나 드론(무인항공기)의 경우가 좋은 예다. 이들 본체의 수많은 센서를 통해 엄청난 양의 실시간 데이터를 수집하고 처리 또한 실시간으로 해야 한다. 이점이 매우 중요하다. 결국 클라우드 컴퓨팅 방식에 근본적인 변화가 있어야 한다는 뜻으로 해석해 볼 수 있다.

사물인터넷은 일상의 사물들이 센서를 통해 온도, 위치, 조명, 압력, 소리, 움직임의 변화 등 데이터를 추출, 연결, 분석, 관리하는 상호작용 과정이다. 따라서 사물인터넷은 센서가 필수적이다.

2014년 스탠퍼드대에서 열렸던 '1조 센서 서밋 (Trillion Sensor Summit)'에서 센서 관련 전문가들은 2024년에는 전 세계에 1조개의 센서가 설치되고, 2036년에는 100조개의 센서가 필요할 것으로 전망했다.

하지만, 수조개의 센서가 곳곳에 설치되겠지만 인터넷 연결 없이는 거의 무용지물이라는 것이다.

마이크로소프트 인도 연구소(Microsoft Research India) 마닉 바르마(Manik Varma) 선임 연구원은 "이러한 인터넷 연결 없이는 작동하지 않는 패러다임은 센서 디바이스가 멍청하다는 것"이라고 말했다.

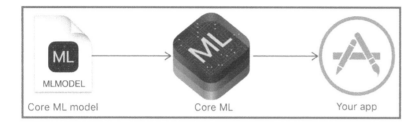

↑ 출처: Apple Developer

／오퍼 데켈이 이끄는 마이크로소프트 연구팀은 언젠가 머신러닝 알고리즘을 실행할 수 있는 초소형 마이크로 프로세서를 보유하고 있다. 출처: 마이크로소프트

＼미시건대학 전자컴퓨터공학(EECS)가 개발한 Michigan_Micro_Mote (M3). 출처: 미시건대학교

마이크로소프트의 오퍼 데켈(Ofer Dekel) 수석 연구원이 이끄는 미국 워싱턴 레이몬드(Redmond)와 인도 방갈로르(Bangalore) 연구소의 약 30 명의 컴퓨터 과학자들은 저전력, 신용 카드 크기의 컴퓨터 인 10달러 짜리 라즈베리 파이(Raspberry Pi)에 인공지능을 임베드(끼우는)하는 방법을 개발했다.

바르마 연구원은 "고속도로에서 운전하다가 인터넷에 연결되어 있지 않아 인공지능 기능이 멈추는 것을 원치 않을 것이다"며, "사실, 그것이 가장 필요한 부분이다"고 연구 배경을 설명했다.

마이크로소프트는 "이번 라즈베리 파이 (Raspberry Pi) 프로젝트는 혁신적인 크기의 마이크로 컨트롤러를 개발하기 위한 첫 단계로, 앞으로 쌀알 크기 정도로 10,000 배나 더 작게 만들기 위해 계속 연구하고 있다"고 말했다.

이러한 연구는 지속적으로 진행되고 있다. 2014년 미국 스탠포드대 전기공학과 아다 푼(Ada S. Y. Poon) 교수와 심장외과의 의학자들이 쌀 한 톨 크기의 마이크로이식기들(microimplants)을 개발하고, 동시에 인간 몸에는 해를 끼치지 않는 중거리무선전송(mid-field wireless transfer) 기술을 개발, 토끼나 쥐에 이식된 마이크로이식기들에 전원을 무선 전송 또는 충전하는데 성공해, 전세계 의학계를 떠들썩하게 했다.

또 2015년 미시건대학교의 전자컴퓨터공학(EECS)가 10년 동안 개발한 쌀 한 톨 크기의, 부피 1mm3 규모의 세계에서 가장 작은 초소형 컴퓨터인 Michigan_Micro_Mote (M3)를 개발했다.

'스마트 먼지(Smart Dust)'라고 부르는 초소형 컴퓨터는 사물인터넷(IoT) 뿐만 아니라 생체인터넷(IOB), 산업인터넷(IIoT), 스마트홈 등에 다양하게 적용될 전망이다. 데니스 실버스텔러(Dennis Sylvester) 교수는 "수백 미크론까지 크기를 줄여 세포 안에 칩을 삽입할 날이 올 것"이라며, "상상을 현실로 만들고 있다"고 말했다.

사람의 감정을 접속하는 기술, 교육을 혁신시키다.

2014년 전 세계 교육계를 강타한 뉴스가 나왔다. 바로 '미네르바 스쿨(Minerva School)'이다. 현재 하버드보다도 가기 힘들다는 미네르바 스쿨은 세계적으로 실력이 쟁쟁한 교수들이 모여들고 있다.

심리학 분야의 최고봉 스티븐 코슬린 교수가 예술과학대 학장을 맡고 있고, 인공지능 분야와 '군집생물의 지능(Swarm Intelligence)'라는 논문으로 유명한 에릭 보나보 교수가 컴퓨터과학대 학장을 맡고 있다. 이 밖에 '뇌의 왈츠', '호모 무지쿠스', '정리하는 뇌' 책을 저술한 대니얼 J. 레비틴라는 심리학자이자 신경과학자가 사회과학대 학장을 맡는 등 실력이 쟁쟁한 교수들이 미네르바 스쿨에 참여하고 있다.

간단히 미네르바 스쿨 운영 형태를 살펴보면, 지난해 미네르바대 입시에서 세계 50여개국 1만5000여명이 지원해 약2%(306명)만 합격했다. 같은 해 하버드대의 합격률은 5.2%, 예일대는 6.3%였다. 등록금은 1년에 1만달러, 우리돈 약 1천만원 정도다.

학생들은 세계 곳곳 7개의 도시를 돌아가며 기숙사생활을 하며, 인터넷을 통해 라이브 동영상 강의를 들으며 실시간으로 교수와 학생, 학생과 학생, 팀끼리 쌍방향 소통을 한다.

특히 미네르바 대학의 온라인 학습모형 근본에는 '액티브 러닝 포럼(Active Learning Forum)'이라 불리는 온라인 화상 교육 영상 분석 시스템이 핵심 역량이다. 비디오 채팅 중 시선이나 표정 증을 분석해 곧바로 화면에 이를 띄워 교수뿐만 아니라 챗팅에 참여하고 있는 학생들에게도 표시된다. 또 음성인식 시스템은 학생 한 사람, 한 사람의 발언 빈도를 다른 색으로 표시해준다. 이를 기반으로 교수는 해당 학생을 대상으로 맞춤형 토론을 진행하는 것이다. 즉, 기술이 오프라인 수업과 별반 다르지 않다는 얘기다.

미네르바스쿨 설립한 최고경영자(CEO) 벤 넬슨은 실리콘밸리 IT 기업가 출신이다. 이 대학은 설립초기 스타트업처럼 트위터, 드롭박스, 스냅챗 등에 투자한 벤처캐피털 업체들로 부터 투자를 받았다. 이러한 배경에는 실리콘밸리의 얼굴표정 인식 기술과 같은 첨단 기술이 적용됐다는 얘기다.

어떤 기술이길래 교육을 혁신할 만큼 뛰어나는지 자세히 살펴보자. 얼굴표정 인식 기술은 페이스북(Facebook)과 구글 알파벳(Google Alphabet) 등이 관련 기술에 잇따른 투자 계획을 공개하고 개발 중에 있으며, 마이크로소프트(Microsoft), 스냅챗(Snapchat), 플립보드(Flipboard), 핀터레스트(Pinterest) 등도 인공지능 핵심 기술로 개발 중에 있다.

이 표정 분석 시스템은 애플에서 독보적인 기술을 확보하고 있다. 애플의 이러한 기술을 집중적으로 살펴보자.

애플이 인수한 얼굴표정 인식 기술개발 업체 '이모션트(Emotient)'는 사용자들이 참여할 수 있는 '크라우드소싱(crowdsourcing)'을 활용해 감정을 최대 10만 가지 표정을 수집하고 분석하는 기술을 개발해 특허까지 보유하고 있다.

이 기술은 범죄심리학 분야의 세계적인 석학인 폴 에크만(Paul Ekman) 전 캘리포니아 의과대 교수가 1970년대에 발표한 5000여개의 안면 근육 움직임 등 표정, 몸짓, 목소리 같은 미세한 행동 패턴을 통해 거짓말을 알아내고, 상대방이 어떤 감정 상태인지를 잡아내는 자료를 근거로 감정을 추론하는 알고리듬을 개발했다.

심지어 이 기술은 어두운 조명, 저사양의 웹캠, 안경이나 수염 등으로 가려진 얼굴 등 열악한 환경에서도 표정을 잡아낼 수 있을 뿐만 아니라, 1080p 해상도의 영상 안에서 최대 100명까지 얼굴을 정확히 인식할 수 있다.

이 얼굴표정 인식 기술은 병원에서 환자를 치료 중 고통을 느끼는 표정을 읽어 의사에게 전달하고, 기업은 TV 프로그램이나 광고에 대한 시청자의 반응, 매장에서 제품별로 소비자들의 호감도, 강연이나 학술 연구 발표에 대한 청중의 반응 등을 확인하는 데 유용하다.

애플은 사람의 심리를 분석하는 기술에 지속적으로 관심을 보여 왔는데 지난 2014년에 얼굴 표정과 여러 움직임을 통해 사람의 감정을 분석하는 소프트웨어 알고리듬을 특허출원 했다. 따라서 이모션트 인수를 통해 관련 기술 개발에 가속도를 낼 것으로 보인다.

그런데 흥미로운 것은 개개인의 얼굴 이미지를 저장하지 않고도 표정을 인식할 수 있는 이모션트 기술이 '사생활 보호'에 방점 둔 애플의 정책에 부합한다는 것이다. 지난 2015년 10월에 인수한 영국 인공지능(AI) 스타트업인 '퍼셉티오(Perceptio)' 역시 스마트폰에서 아주 적은 데이터를 '딥러닝(deep learning)'을 이용한 이미지 인식 프로그램 기술 업체다.

퍼셉티오가 다른 딥러닝 기술과 차별화되는 부분은 이미지 인식 딥러닝 기술 대부분 이미지 분석을 위해 많은 양의 데이터를 요구하고 있으나 퍼셉티오의 인공지능 기술의 핵심은 적은 데이터로만 컴퓨터가 미리 이미지를 인식하고, 이 이미지를 어떻게 읽어낼 것인지 학습하도록 했기 때문이다. 퍼셉티오를 이끄는 니콜라스 핀토와 잭 스톤은 모두 인공지능 개발자로 이미지 인식과 분석에 특화된 기술을 갖고 있는 것으로 알려졌다.

이처럼 애플은 인공지능 분야에서 구글이나 페이스북과는 다른 기술을 개발하는 것으로 추측이 되며, 지난 2015년 10월에 자연언어처리 음성인식에 관련 기술업체 '보컬IQ'도 인수, 인간처럼 잘 보고 듣는 음성인식과 이미지 분석 성능을 향상 시키는데 주력하고 있다.

한편, 관련 업계는 이번 이모션트 인수가 미래의 먹거리로 가상현실(VR; virtual reality)/증강현실(AR; augmented reality)에 중점을 두고 지난해 5월 애플이 독일 증강현실 업체 메타이오(Metaio)를 인수한 것과도 연관이 있을 것으로 보고 있다.

메타이오는 구글 글래스와 같은 웨어러블 장치에서 현실에 디지털을 입히는 기술을 개발해왔다. 메타이오 기술은 페라리의 가상현실 쇼룸에서 마치 아직도 베를린 장벽에 있는 것처럼 보여줬다. 이 기술은 앞으로 아이폰 카메라를 이용해 레스토랑, 카페 등 지역 명소들의 정보를 겹쳐보이게 하고 사용자들의 반응을 살펴 볼 수 있다.

애플의 증강현실 기업 '메타이오' 인수는 구글을 비롯한 페이스북 등 글로벌 IT 기업들이 집중 투자를 하고 있는 증강 현실 시장에 진출하기 위한 포석으로 분석된다. 미래 먹거리의 핵심 영역으로 평가되는 증강현실 시장은, 현재 구글의 구글 글래스(Google glass)와 마이크로소프트의 윈도10(Windows 10)을 기반으로 하는 '홀로렌즈(Holo

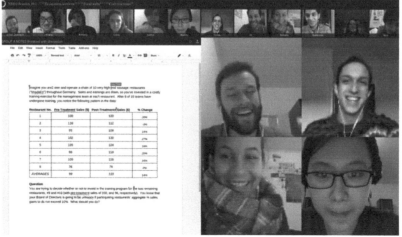

출처_ 미네르바 스쿨

출처_미네르바 스쿨 Active Learning Forum

lens)', 페이스북인 인수한 가상현실(VR) 회사 오큘러스 등 관련 시장에서 치열한 경쟁을 벌이고 있다.

그 외에 아마존(Amazon) 또한 헤드기어 등 전용장비 없이 프로젝터와 카메라만으로 증강현실을 구현하는 특허를 출원했으며, 이 기술은 앞으로 음식인식 기능을 갖춘 '에코' 스피커 등과 융합하는 증강 현실 서비스를 준비하고 있는 것으로 알려졌다. 애플이 추진하고 있는 인공지능은 산업 전분야에 걸쳐 적용하고 있는 것으로 보인다.

일반적으로 소통과 관련된 이론 중 가장 많이 인용되는 이론으로 메라비언 법칙이 있다. 캘리포니아대학교 로스앤젤레스캠퍼스(UCLA) 심리학과 명예교수인 앨버트 메라비언(Albert Mehrabian)의 1971년 저서 '침묵의 메시지(silent message)'를 통해 한 사람이 상대방으로부터 받는 이미지는 시각적인 요소가 55%, 청각이 38%, 언어가 7%의 비율로 영향을 받아 결정된다는 것이다. 즉, 말은 7%만 담당하고 나머지 93%가 표정·소리와 같은 비언어적 수단을 통해 이뤄진다.

감정을 읽는다는 건 곧 기업의 매출 증대로 직결된다. 현재는 사물인터넷과 센서 기술이 우리가 움직이는 곳곳을 감지하지만, 아직까지 미개척지인 센서로는 감지하기 어려운 사람의 생각이나 감정을 애플이 접속하려 하고 있다. 그것도 빅 데이터 기반으로 하는 경쟁 기업들과 전혀 다른 방식을 시도하고 있는 것이다.

결론은 미네르바 스쿨 역시 애플이 개발하고 있는 기술과 같은 첨단기술을 적용해 수업형태를 증강현실까지 확장 할 것으로 분석된다. 미네르바 스쿨의 성공은 학생중심의 새로운 학습모형과 여기에 개인 맞춤형 수업 방식은 사람의 감정을 읽는 기술과 융합한 결과다. 앞으로 우리도 사람의 생각과 행동을 더 깊이 이해하는 기술에 집중해 전세계를 깜짝 놀라게 해보자.

←출처_Emotient

스마트폰을 대체하려는 기술

2007년 피처폰(Feature Phone, 일반 휴대전화)을 한 방에 누르고 혜성처럼 등장한 스마트폰이 올해로 10년째를 맞았다. 스마트폰 시작을 알린 애플의 아이폰이 2017년 9월에 아이폰8로 출시할 예정이어서 어떤 기능을 탑재하고 아이폰 탄생 10주년을 기념하며 출시될지 전 세계의 눈과 귀가 집중되고 있다.

그런데 10년 동안 전세계를 지배한 스마트폰을 대체하려는 기술의 움직임이 실리콘벨리에서 모락모락 피어오르고 있다. 그 기술의 중심에 증강현실(AR)이 자리 잡고 있는데 이미 수년 전부터 구글과 애플, 마이크로소프트, 페이스북 등이 관련 기술에 대규모 투자를 하고 있다.

애플 CEO 팀 쿡은 기회가 있을 때마다 AR이 자사 핵심기술이 될 것이라 밝힌 바 있다. 그후 2017년 6월 5일, 캘리포니아주 산호세에서 열린 '애플 개발자 회의(WWDC 2017)'를 통해 팀 쿡은 작심한 듯 'AR 개발자 툴(AR Kit)'을 공개했다.

애플 'AR 개발자 툴(AR Kit)'은 모든 iOS 기기에서 사용할 수 있다. 카메라 모션센서로 거리 깊이를 재고 테이블의 x축 y축 각도를 카메라가 파악해 가상아이템을 만들어 물체를 정확하게 테이블에 얹어놓을 수 있다. 그 다음에는 카메라를 빙빙 돌려도 그 물체가 실제 찍히는 물건처럼 각도를 스스로 맞춰준다. 심지어 다른 물체를 계속 추가해서 놓을 수 있고, 그 옆에 있는 가상 물체를 환경요소로 인식한다. 이를테면 본인이 직접 설계한 3D모델을 집 구조 인테리어에 맞는지 가상으로 먼저 확인해볼 수 있다.

애플의 AR Kit은 향후 포켓몬과 같은 AR 게임을 비롯해, 쇼핑, 교육 컨텐츠, 산업 디자인 등에서 많이 사용될 것으로 예상된다. 또한 기존 아이폰과 아이패드 등에 적용된 모션인식 센서로 기존 제품에서도 AR Kit 활용이 가능하다. 따라서 누구나 AR Kit를 활용해 AR 컨텐츠를 구축을 시작할 수 있게 됐다.

애플의 AR에 대한 투자는 2013년 이스라엘 기업 프라임센스(PrimeSense)를 3억4천500만 달러에 인수하면서 부터다. 프라임센스는 3D 센싱(Sensing) 기업이며 3D 환경, 즉 3차원 AR과 가상현실(3D AR/VR)을 구축하는 원천기술을 확보한 기업으로, 3D 동작을 감지하는 칩(Chip)이 주특기인 회사이다. 마이크로소프트(MS)의 동작인식 기술인 키넥트(Kinect)와 유사하다.

최근 애플의 움직임에 주목해야 할 대목은 독일 렌즈 제조사 칼 자이스(Carl Zeiss AG)와 공동으로 AR(AR) 스마트글라스 개발을 진행 중인 것으로 알려졌다. 특히 구글의 스마트글라스가 독립적으로 이루어진 것과는 달리 애플은 아이폰과 무선 연동을 통해 자신만의 생태계를 구축할 것으로 분석된다.

구글도 최근 안드로이드용 AR 개발자툴 ARCore를 발표하며 애플에 맞불을 놨다. ARCore는 안드로이드

7.0 누가 이상이 설치된 구글 픽셀과 삼성 갤럭시S8 등에서 작동한다. 구글은 연말까지 약 1억대의 안드로이드 기기에서 AR을 지원할 계획으로, 2018년 이후에는 모든 안드로이드 스마트폰에 적용하겠다는 의미다.

구글의 AR 기술은 2014년 '프로젝트 탱고(Project Tango)' 공개 이후 부터다. 구글 내 첨단 기술 프로젝트 그룹(ATAP, Advanced Technology And Projects group)이 주도하는 탱고 프로젝트는 스마트폰이나 태블릿을 이용해 3D를 촬영, 각종 3D Game, 3D Indoor Map, 3D Distance Learning, 3D Telemedicine 등 소위 말하는 3D AR/VR 환경을 구축하자는 것이다. 즉, 구글은 프로젝트 탱고를 이용해 스마트폰으로 세상을 스캔한다는 야심찬 계획이다. 이후 2016년 6월 레노버가 구글 탱고 기술을 탑재한 '레노버 팹2 프로(Lenovo Phab 2 Pro)'를 발표했다.

특히 주목해야할 대목은 지난 7월, 많은 사람들이 실패했다고 생각한 구글 글라스(Google Glass)가 '구글 글라스 엔터프라이즈 에디션(Enterprise Edition)'이라는 이름으로, 최근 2년간 GE를 비롯해 보잉, DHL, 폭스바겐, 농기계 제조업체 AGCO 등 33개의 회사 직원 수 백 명이 이미 비밀리에 사용되고 있는 것으로 밝혀졌다.

페이스북도 AR에 집중하고 있다. 마크 저커버그 페이스북 CEO는 2016년 4월 F8(연례 개발자회의)에서 "AR 플랫폼이 페이스북의 미래 핵심사업이 될 것"이라는 계획을 공개한 바 있다. 이날 오큘러스 VR 선임 연구원 마이클 어브래쉬(Michael Abrash)도 사용자의 시각과 청각을 증강하는 '완전 AR (full AR)' 비전을 발표했다.

2017년 8월에는 페이스북이 차세대 AR기술 관련 특허 출원을 요청했다. 이 특허는 지난 8월 페이스북 자회사인 오큘러스(Oculus)가 '2D 스캐너를 탑재한 디스플레이' 관련 특허로 AR, VR, MR의 안경형 장치에서 사용하기 위한 도광판(Light Guide Plate) 디스플레이에 관한 것이다. 출원 내용을 살펴보면, 페이스북이 구현하고자 하는 미래형 스마트글라스의 주요 핵심 기술이 쓰여 있다.

마이크로소프트도 AR의 끝판 왕으로 불리는 홀로렌즈(HoloLens)는 가상현실(VR)이나 실제 화면에 덧씌우는 AR과 달리 현실 화면에 실제 개체의 스캔된 3D 이미지를 출력하고 이를 자유롭게 조작할 수 있는 혼합현실(MR, Mixed Reality)로 2015년 1월에 공개됐다. 마이크로소프트는 홀로렌즈(Hololens)를 나사(NASA)와 손잡고 화성의 가상 입체 탐험과 관련된 소프트웨어 온사이트(OnSight)를 개발하고 있다.

최근 마이크로소프트는 홀로렌즈 차기 버전에 딥러닝 인공지능 전용 칩을 탑재할 것이라고 밝혔다. 이 칩은 딥 심층신경망(DNN, Deep Neural Networks)으로 머신러닝 기반의 알고리즘인 것으로 알려졌다. 차기 모델 홀로렌즈2에는 인공지능 센서, 디스플레이, 배터리를 위한 기술을 추가해 홀로그래픽을 더 강력하게 구현해 낼 것이라고 밝혔다.

특히 눈여겨 봐야할 대목은 마이크로소프트가 데이터 전송을 클라우드 서버에 보내 처리하지 않고, 기기 안에서 직접 AI 기술을 저전력으로 구현한다는 점이다.

그 밖에 AR 스마트글라스로는 인텔 AR/VR 헤드셋 '프로젝트 얼로이(Project Alloy)'와 소니의 '프로젝트 모피어스'와 '스마트아이글라스(Smart Eye Glass)', 앱손(EPSON) 스마트글라스 모베리오(Moverio), 리퀴드 이미지(Liquid Image)의 OPS고글(Goggle), NTT도코모(docomo)의 인텔리전트 글라스(Intelligent Glass), 오스터하우드의 R7, 등이 있다. 또한 스타트업으로는 스냅(Snap), Vuzix, ODG(Osterhout Design Group), Vue 등이 개발에 뛰어 들었다.

하지만 이제 막 시작되고 있는 AR기술이 헤드업 디스플레이(HUD) 방식에서 스마트글라스로 넘어가고 있다. 따라서. AR의 끝판 왕이라는 마이크로소프트 홀로렌즈도 헤드업 디스플레이를 뛰어 넘어야 할 숙제를 안고 있다.

한편, 페이스북도 애플과 구글처럼 AR기술이 기존의 PC와 스마트폰을 대체시키는 차기 플랫폼으로 급부상하게 될 것으로 결론을 짓고 스마트글라스를 준비하고 있다. 특히 페이스북 제품개발 연구팀 '빌딩 8(Building 8)' 이 현재 개발 중인 BCI(뇌-컴퓨터 인터페이스, Bran-Computer Interface) 기술로 스마트글라스와 융합시킬 것으로 예측된다. 궁극적으로 스크린이나 콘트롤러 대신, 마음(생각)으로 AR을 제어하는 BCI기술을 목표로 하고 있으며, 더 나아가 모든 웨어러블 기기로 확장한다는 계획이다. 어린이, 노약자,장애인 등 누구나 디지털 디바이스를 제어하고, 로봇-공장의 자동화 기계를 제어해, 다 함께 일할 수 있고, 전세계 어디서나 협업할 수 있는 시대를 연다는 장대한 계획이다.

BCI기술 개발은 구글, 애플, 마이크로소프트 페이스북, 테슬라 등 기업 뿐만 아니라 미국, 유럽, 일본 등이 국가전략으로 모두 집중하고 있다.

하지만 상용화까지 물리적 시간이 절대적으로 필요하다. 기술의 진보가 지금처럼이라면, 적어도 5년, 10년이 될 수도 있다는 얘기다. BCI도 제 막 시작이다. 우리나라도 BCI 또는 BMI(brain machine interface)/BBI(Brain-Brain Interface)기술에 더욱 집중해 다가오는 미래를 준비해야 한다. 독자 여러분들 중에서 그 주인공이 꼭 나오길 기대해 본다.

↑ 마크 저커버그 페이스북 CEO가 F8(연례 개발자회의)에서 AR 스마트글라스를 소개하는 장면_사진출처
페이스북 라이브 화면 갈무리

↓ 페이스북 '빌딩 8'의 레지나 두간 (Regina Dugan) 최고책임자가 뇌-컴퓨터 인터페이스 (Bran-Comp
Interface, BCI) 기술을 설명하는 장면_사진출처: 페이스북 라이브 화면 갈무리

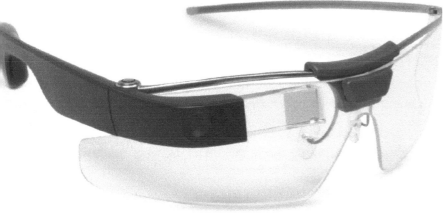

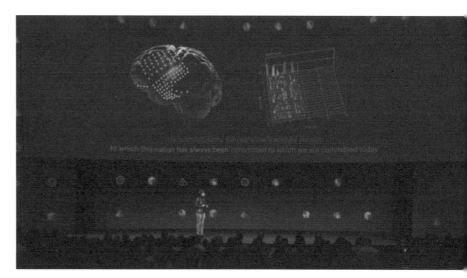

╲ 애플 증강현실 킷(Apple ARKit)_사진출처: Techook

╱ 구글 글래스 엔터프라이즈 에디션(Enterprise Edition)_사진출처: 구글 X

배터리 없이 작동되는 스마트폰 세상 열린다.

Wi-Fi를 전력으로 변환하는 기술 개발

스마트폰을 비롯해 노트북, 웨어러블 및 기타 전자제품이 배터리 없이 작동되는 세상을 상상해보자. MIT 와 마드리드 기술대학, 육군 연구소, 마드리드 찰스 III대학, 보스턴 대학, 남부 캘리포니아 대학 등 공동 연구팀이 Wi-Fi 신호의 에너지를 전기로 변환할 수 있는 실험에 성공했다.

전파를 직류 전력으로 변환하는 장치 렉테나(rectenna)는 무선 전력 공급 등에 활용되고 있는 소자다. 이번 에 MIT가 새롭게 개발한 렉테나는 Wi-Fi 주파수인 2.4GHz 및 5GHz 대역에 적합한 소재를 사용한 렉테나에서 일반 Wi-Fi 강도인 150μW(마이크로 와트)의 경우 40μW의 전력을 만들어 내는 데 성공했다.

이번 연구 결과는 1월 28일(현지 시각) 과학학술지 네이처지에 'Two-dimensional MoS2-enabled flexible rectenna for Wi-Fi-band wireless energy harvesting' 라는 논문명으로 게재됐다.

렉테나(Rectenna)는 Rectifier(정류기)와 Antenna(안테나)를 합성한 말로 구조도 안테나와 정류기를 조합한 구조로 되어 있으며, 마이크로파를 직접 직류전력으로 변환하는 소자다. 이처럼 전파 에너지를 발전에 이용한다는 발상은 특별히 새로운 것이 아니라 과거에 여러 가지 렉테나가 개발되고 있다.

기존 렉테나 정류기는 실리콘이나 갈륨비소(GaAs)를 사용했다. 이러한 물질을 사용해 소형 장치를 제조하는 것은 상대적으로 저렴하지만, 건물 및 벽 표면과 같은 방대한 영역을 커버하는 데는 비용이 많이 들어간다.

연구원들은 오랫동안 이러한 문제를 해결하려고 노력 해왔다. 하지만 지금까지 보고된 몇 안 되는 유연한 소재의 경우 저주파수에서 작동하며, Wi-Fi 신호인 GHz(기가 헤르츠) 주파수를 잡아내고 전력으로 변환할 수 없었다.

하지만 연구진은 이산화 몰리브덴(MoS 2)이라는 새로운 2차원 물질을 사용해 정류기를 만들었다. 이 물질은 원자 3개 정도의 두께로 세계에서 가장 얇은 반도체 중 하나다. 연구팀은 MoS 2를 이용해 쇼트키 다이오드(Schottky diode)를 만들 수 있었다. 이는 일반 다이오드에 비해 마이크로파에서의 특성이 좋은 것으로 알려져 있다.

이 덕분에 Wi-Fi, Bluetooth, LTE를 포함한 일상생활 속에서 많이 사용하는 주파수 대역의 전파를 빠르게 처리할 수 있는 유연한 정류기를 만들 수 있었다.

MIT에 따르면, 출력 효율은 일반적인 Wi-Fi 강도의 경우 약 30%~40%로 실리콘이나 갈륨비소를 이용한 정류기의 경우 약 50%~60%를 달성하고 있기 때문에 다소 효율이 낮다. 하지만 공동 연구팀은 새로운 시스템을 구축하고 효율성을 높일 계획이다.

이번 연구는 MIT의 지식과 개혁정신을 전파하기 위한 'MISTI(MIT International Science and Technology Initiatives)' 프로그램의 일환으로 마드리드 공과대학(Technical University of Madrid)과 협력을 통해 작업이 가능했다.

또한 일부는 MIT 군인 나노테크놀로지연구소(Institute for Soldier Nanotechnologies), 육군 연구소(Army Research Laboratory), 국립 양자과학 재단의 통합 양자재료 센터(National Science Foundation's Center for Integrated Quantum Materials) 및 공군 과학 연구실(Air Force Office of Scientific Research)에서도 지원했다.

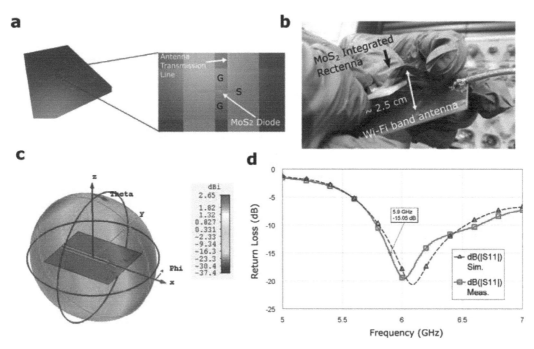

↑ Wi-Fi 대역(5.9 GHz)에서 전자기 방사 에너지를 수집하는 완전 유연한 MoS 2 렉테나. [네이처지 캡처]

'체온+태양광' 충전 스마트워치 출시

사람 체온을 이용해 발전하는 배터리가 필요 없는 스마트워치 '파워워치'를 개발한 매트릭스(MATRIX)가 이번에는 체온과 태양광으로 충전하는 신형 스마트워치 '파워워치(Power Watch) 2'를 출시했다.

애플워치도 하루에 약 1시간 정도 충전을 해야 하며, 많은 스마트워치 중에서 배터리 성능이 아무리 좋아도 1주일에 한 번 정도는 충전해야 한다. 하지만 1.2인치 컬러 디스플레이를 탑재한 '파워워치 2'는 체온에서 발전하는 기술과 태양광 배터리를 탑재하고 있어 그냥 차고 다니기만 하면 된다.

파워워치 2는 크기가 42mm로 알루미늄 케이스와 고무 소재의 스트랩을 장착했다. 본체는 태양광과 착용자의 체온으로 발전 가능한 발전용 링이 시계의 베젤 안쪽에 배치되어 있다.

본체 뒷면에는 심박수 측정용 센서가 내정되어 있으며 GPS 기능과 심박수 측정 기능, 나침반 기능, 실행 시 속도 측정 기능과 사이클링 시 케이던스 측정 기능 등이 있다. 또한 물속 200m까지 방수 가능하다.

↘ 매트릭스(MATRIX)가 개발한 체
온과 태양광으로 충전하는 신
형 스마트워치 '파워워치(Power
Watch) 2' [매트릭스]

↘ 매트릭스(MATRIX)가 개발한 체
온과 태양광으로 충전하는 신
형 스마트워치 '파워워치(Power
Watch) 2' [매트릭스]

특히 심박수 측정 기능은 애플워치 등 스마트워치에 대부분 탑재됐지만, 파워워치 2는 이들과는 차별화된 기능을 탑재했다. 이는 사용자의 체온이 어떻게 변화했는지를 알 수 있는 기능으로, 파워워치 2가 발전을 위해 끊임없이 사용자의 체온 정보를 측정하고 있기 때문에 가능한 기능이다.

다만, 타사 스마트워치와 비교해 크기가 크고 LCD, 터치스크린 지원 등이 다소 떨어지는 것으로 알려졌다.

현재 파워워치 2는 글로벌 크라우드 펀딩 사이트인 '인디고고(Indigogo)'를 통해 199달러에 사전 주문이 가능하다. 또한, 2019년 6월 이후에 제품이 출시 예정이며, 정식 버전은 499달러에 판매될 예정이다.

'맨홀 뚜껑'을 5G 중계 안테나로

기존 4세대 이동통신 4G보다 100배 빠른 5세대 이동통신 시스템 5G가 SK텔레콤, KT, LGU+ 등 국내 주요 통신사가 2020년 상용화를 목표로 연구 개발을 진행하고 있다. 그런데 이 5G 보급에 필수인 중계 안테나를 맨홀 뚜껑으로 대체하려는 시도가 주목을 받고 있다.

5G는 높은 주파수 대역을 이용한 무선 통신으로 30GHz 이상의 밀리미터파 스펙트럼을 사용하기 때문에 전파의 직진성이 극초단파보다 높아 전파가 현재 설치된 기지국보다 더 촘촘하게 설치해야 한다. 특히 도심 속은 건물이 많아 전파 도달이 짧다는 단점이 있다.

이 문제를 극복하기 위해 대규모 MIMO 안테나를 갖춘 소형 셀을 사용하는 방법이 있다. 하지만 소형 셀은 일반적으로 안테나 기지국을 보완하기 위해 사용되는 출력 및 커버리지(구역)이 낮은 기지국이다.

하지만, 보다폰, AT&T, NTT도코모 등 전 세계 이동통신사 60여 곳과 에릭슨, 삼성전자, 화웨이 등 제조업체 70여 곳이 가입돼 있는 '스몰 셀 포럼(Small Cell Forum)'은 5G용 소형 셀이 기존 4G의 커버리지 수준에 도달하는 데 까지 2024년까지 걸릴 수 있다고 보고 있다.

또 하나의 문제는 기지국이 많이 배치되는 도시는 온통 안테나로 뒤덮여 버린다는 점이다. 실제로 이미 많은 소형 셀 기지국이 곳곳에 설치되어 있기 때문에 새로운 소형 셀을 설치하는 장소가 거의 없다는 문제도 있다.

그런 가운데, 영국 대형 이동통신 업체 보다폰(Vodafone) 엔지니어가 '맨홀 뚜껑'을 이동통신 시스템의 안테나로 활용하는 독창적인 아이디어를 제안해 눈길을 끌고 있다. 이 아이디어는 증가하는 기지국이 도시 경관과 교통을 방해하는 원인이 되고 있다는 지적에 대한 해결책도 될 수 있다.

맨홀 뚜껑에 기지국을 설치하는 아이디어는 현재 일부 4G 네트워크용 소형 셀 등에 활용되고 있다. 보다폰 엔지니어는 이를 향후 5G 네트워크에도 응용할 수 있다고 생각했다.

보다폰 수석 네트워크 배치 매니저 제임스 그레이링(James Grayling)은 "맨홀은 밀집된 도시 환경에서 솔루션을 제공하는 기회를 제공할 것"이라며, "현재 사용되는 맨홀 뚜껑 안테나 주파수 대역은 1695MHz~2690MHz 정도로 4G에서 사용될 경우, 최대 195Mbps의 다운로드 속도가 나온다"고 설명했다.

또한 그레이링은 "맨홀에 안테나를 설치할 경우 휴대 전화의 신호에 간섭하지는 않지만, 맨홀 때문에 전력 손실을 일으킬 가능성이 있다"며, "모바일 네트워크의 조건에 충분한 고정 네트워크 자산을 특정하는 단계에 있다"고 말했다.

보다폰 보도 자료에 따르면, 현재 보다폰 맨홀 안테나가 어느 정도의 규모로 설치될지는 아직 알 수 없으며, "5G 네트워크의 도입을 위한 맨홀 뚜껑을 이용한 솔루션을 사용하는 것은 가능하다고 생각하지만, 아직 공식적으로는 결정하지 않았다"고 밝혔다.

'스마트 스피커' 시장 동향 분석…한국어 자연어처리 수준은 최하위

최근 미국 기술 산업 뉴스의 온라인 출판사인 테크크런치(TechCrunch)에서 현재 미국 성인인구의 20%인 4천 730만 명이 스마트 스피커, 즉 음성인식 비서를 사용 중이라고 보도했다. 미국에서는 우리나라 전체에 달하는 인구가 스마트스피커를 사용하고 있다는 것이다. 이를 통해 스마트 스피커 시장이 어느 정도 규모까지 성장했는지를 알 수 있다.

스마트 스피커는 일반적인 IT 기기와 달리 '특정언어 인공지능'이 필요하다. '특정언어 인공지능'은 단순히 언어 번역뿐 아니라, 그 언어가 작동하는 문화, 그 지역의 주요 사건들을 파악해 대화의 맥락을 파악할 수 있어야 한다. 미국은 아마존을 비롯한 구글, 애플에서 '특정언어 인공지능 시스템'을 탑재한 스마트 스피커가 출시되고 있다. 그에 반해 국내 스마트 스피커 수준은 그에 비해 성능이 확연히 떨어진다는 평이다. 이는 스마트 스피커에 필요한 '특정언어 인공지능'에 대한 한국어 자연어 처리 수준이 턱없이 부족하다.

■ 글로벌 IT기업 아마존, 구글, MS 등 연이은 스마트 스피커 출시

스마트 스피커란 음성인식 인공지능 구현을 위한 CPU, 마이크, 소리를 내기 위한 스피커 등으로 구성되어있다. 탑재된 인공지능 알고리즘을 바탕으로 사람의 목소리를 알아듣고 그 명령을 수행하는 스피커로써 와이파이, 블루투스 등 무선으로 인터넷에 접속해 다양한 기능을 수행할 수 있는 기기를 말한다.

글로벌 IT기업인 아마존은 스마트 스피커개발에 가장먼저 뛰어든 기업이다. 아마존은 2014년 말 '에코'라는 스마트 스피커를 출시했다. 이어 2016년 말부터 주요 IT회사들이 스마트 스피커를 출시하기 시작했다. 최근에는 인공지능을 보유한 주요 IT회사들까지 스마트 스피커 개발 경쟁에 참여하고 있다.

아마존의 스마트 스피커 시장의 진입이유는 이러하다. 일상에서는 데크트탑 컴퓨터와의 상호 작용이 필요한 순간이 많지 않다. 따라서 음악 감상, 독서, 뉴스, 라디오 등 지속적인 수요가 발생할 수 있는 것이 스피커라고 판단되어 스마트 스피커를 개발하기 시작했다. 아마존은 '에코'를 스피커로 지칭하고 자사의 주요 서비스와 연계하는데 주력했다.

2014년 11월 아마존 '에코'가 출시되어 2015년 6월부터 판매되기 시작한 것을 기점으로 2016년 구글의 '홈', 2017년 MS의 '인보크', 애플의 '홈팟'까지 커다란 IT 공룡기업들이 자사 스마트 스피커를 출시해 판매하기 시작했다. 구글의 '홈'은 스마트폰, 사물인터넷, 구글 크롬캐스트 등 구글 서비스와 연계해 이를 제어하는 기능에 중점을 두었다. 또한 자사의 검색 서비스를 이용해 고객에게 최적의 서비스와 정보를 제공하기도 한다.

MS는 오디오 업체 하만카돈과 협력해 '인보크'를 개발, 자사의 서비스인 스카이프를 통해 무료 통화기능을 제공하고 있다. 애플의 '홈팟'은 가격을 아마존과 구글의 두 배 가량으로 책정했다. 높은 가격만큼 고음질의 스피커를 탑재하고, 여러 개의 센서를 적용해 홈팟이 놓인 공간에 최적화된 소리를 제공한다.

최근 페이스북은 15인치 화면을 탑재한 스마트 스피커를 2018년 출시할 예정이라고 밝혔다. 페이스북은 자사 메신저의 챗봇 기술을 적용할 예정이다. 페이스북의 챗봇 기술을 적극 활용한다면 금융권 상담 등의 상황에서 페이스북의 스마트 스피커가 다양한 사용방안을 마련할 수 있을 것으로 기대된다.

2018년 3월 기준 글로벌 시가총액 1위는 애플, 2~4위는 각각 알파벳, 아마존, MS이 각각 차지하고 있다. 페이스북은 8위에 머무르고 있다.

사진 왼쪽부터, 아마존 에코, 구글홈,
애플 홈팟.

사진 왼쪽부터 SKT 누구, KT 기가지
니, LG전자 씽큐허브, 네이버 웨이브,
카카오 미니.

■ 글로벌 스마트 스피커 매년 50%이상의 성장률 보일 것으로 전망

2016년 스마트 스피커의 시장규모가 전 세계적으로 4억 달러를 넘어섰다. 현시점에서 스마트 스피커의 한계는 언어의 장벽이다. 스마트 스피커가 시장에 출시된 지 상당한 시간이 흘렀지만 여전히 영어 및 독일어권의 언어정도만 원활하게 사용할 수 있는 수준이다. 각 나라별 언어의 자연어 처리뿐만 아니라 그 지역의 문화 및 주요사건을 파악해 사용자의 대화 맥락을 도출해 내는 것 또한 스마트 스피커가 해결해 나가야할 문제이다.

하지만 일본어 및 주요국가의 자연어 처리가 급격히 증가하고 있으며, 장기적으로는 인공지능의 발전이 언어의 장벽을 넘어서는 순간 스마트 스피커의 성장률이 급격히 증가할 것으로 예상된다. 아직 스마트 스피커의 시장 추세는 언어권별로 나뉘어져 있다. 인공지능이 언어의 장벽을 넘어설 때 급속히 주요 플레이어 중심으로 시장이 통합될 것으로 전망된다. 시장조사 기관 GMI(Global Market Insight)는 2024년에 스마트 스피커의 시장전망을 110억 달러를 넘어설 것으로 전망했다.

스마트 스피커는 언어의 장벽을 넘어섬과 동시에 스마트 스피커의 화면부착 및 휴대성에 적합한 개발을 통해 다양한 기능을 더 쉽게 사용할 수 있는 '스마트 비서'로 발전할 수 있다. 이는 가정용 컴퓨터를 대체할 수 있을 뿐만 아니라 스마트 기기의 이동성과 안정성을 겸비한 스마트 기기의 복합체가 될 수 있다는 점이다.

■ 한국, 스마트 스피커 잇따라 출시…본질적인 자연어 처리 부족

SK텔레콤은 2016년 9월 국내 최초 스마트 스피커 '누구(NUGU)'를 출시했다. 한국 사람 특유의 목소리

톤과 억양 및 사투리를 구분하기 위해 자연어 처리 엔진을 자체 개발했다. '누구(NUGU)'는 출시된 지 7개월 만에 2017년 5월 기준 누적판매량이 10만대를 넘어서는 기염을 토했다.

SK텔레콤을 이어 KT는 2017년 1월 스마트 스피커 '기가 지니(GIGA Genie)'를 출시했다. KT의 차별화된 점은 '누구(NUGU)'와 다르게 스마트 스피커 내에 카메라를 내장해 Full HD급 영상 통화와 홈캠이 가능하고 TV와 연동해 사용자와 소통하는 '커뮤니케이션 서비스'를 제공하고 있다. KT는 기자간담회를 통해 자연어 처리의 정확도는 89~90%이며 음성인식 정확도는 자체평가 95% 라고 밝혔다.

SK텔레콤과 KT 이외에도 LG전자, 네이버, 카카오 등이 스마트 스피커 시장에 뛰어들었다. LG전자는 2017년 11월 네이버의 인공지능 플랫폼 '클로바(clova)'를 탑재시킨 '씽큐허브(ThinQ Hub)'를 출시했으며, 네이버 또한 '클로바(clova)'를 탑재시켜 네이버 뮤직을 통해 라인과 공동 개발한 '웨이브(WAVE)', '프렌즈(Friends)'를 2017년 8월에 출시했다. 카카오는 자사에서 개발한 인공지능 플랫폼 '카카오 I'의 음성형 엔진(음성인식, 합성기술), 자연어처리 기술, 빅데이터 및 머신러닝 기반 기술을 탑재한 '카카오 미니(Kakao Mini)'를 2017년 7월에 출시했다.

2018년 2월 기준 한국의 스마트 스피커 누적 판매량은 100만대를 돌파했다. 2018년 2월 기준 SK텔레콤 '누구(NUGU)' 약 40만대, KT '기가지니(GIGA Genie)' 약 50만대, 네이버 및 카카오 각각 약 15만대 판매 등이다.

하지만 아직까지 미국의 스마트 스피커 사용자 수에 비하면 턱없이 부족한 숫자이며, 아직까지 글로벌 스마트 스피커 시장의 규모에 미치지 못하고 있다. 그만큼 사용자들의 요구에 부응하지 못한다는 의미이기도 하다.

김들풀 IT News 편집장이자 IT애널리스트는 "국내 스마트 스피커의 문제점은 다양한 기능을 탑재한 국내 스마트 스피커가 출시되고 있지만 '특정언어 인공지능'에 필요한 한국어 자연어 처리가 부족하기 때문이다"며, "국내 스마트 스피커는 겉은 휘황찬란하지만 속은 텅텅 비었다"라고 말했다. 이어 "심지어 구글 홈은 최대 6명까지 사용자 음성을 인식한다. 음성인식도 최대 6명까지 인식한다. 구글 홈에 탑재된 구글 어시스턴트(Google Assistant)가 사용자의 목소리를 구별할 수 있는 능력을 갖추게 된 것"이라고 설명했다.

■ 국립국어원 한국어 자연어처리 위함 국어 정보화 사업 계획 추진

국립국어원은 인공지능의 핵심기술인 한국어 자연어 처리를 위해 2018년부터 2022년까지 총 155억 어절의 말뭉치를 구축하는 국어 정보화 사업 계획을 마련했다.

이 사업은 국립국어원이 1998~2007년 10년간 추진한 '21세기 세종계획'의 후속 사업으로 5년 동안 총 175억 원의 예산을 투입한다. 2차 세종계획 안은 평가용 말뭉치 6천만 어절과 번역·사전편찬 등에 활용하기 위한 한국어-외국어 대역 말뭉치 4종 (몽골어·베트남어·인도네시아어·대국어) 각 10만 어절을 구축·보급하는 내용 등이다.

현재 인공지능에서 자연어 처리는 말뭉치(corpus)가 얼마나 많은 데이터베이스(DB)로 구축되어 있느냐에 따라 음성인식과 텍스트 분석, 통번역 등 언어처리 인공지능의 정확도가 달라진다. 현재 전 세계 말뭉치 현황은 영어가 약 2,000억 어절, 일본어는 100억 어절 이상의 말뭉치를 확보했다. 또한, 구글이나 아마존 등 영어 음성인식이 한국어보다 뛰어난 이유도 5000시간이 넘는 영어 음성 말뭉치가 확보되어 있기 때문이다.

그에 비한 한국어의 말뭉치는 약 2억 어절. 1998년 1차 세종계획 10년 동안 기초자료인 현대국어 말뭉치, 현대국어 분석 말뭉치, 북한/해외한국어 말뭉치, 옛문헌/방언/구비문학 말뭉치, 대역(한국어-외국어) 말뭉치 등을 6억 5500만 어절 구축한다고 계획했다. 하지만 실태는 약 2억 어절뿐이다. 1998년부터 10년간 추진해 2007년에 마무리 된 1차 '21세기 세종계획'은 "투입된 돈에 비교해 거의 쓸모가 없을 정도로 초라했다." 라는 평가를 받았다. 심지어 2007년 감리보고서에선 "향후 재활용 어렵다"라고 까지 결론지었다.

국립국어원은 2차 세종계획에서 계획한 155억 어절의 말뭉치를 하루빨리 구축해야 할 것이다. 미국뿐만 아니라 세계적으로 100억 어절 이상의 말뭉치를 구축하고 있는 현황에서 한국어 말뭉치 2억 어절 구축이라는 것은 IT강대국이라 자부할 수 있는 한국의 명성에 전혀 걸맞지 않은 숫자다.

한국어 말뭉치가 빠른 시일 내 100억 어절 이상 구축된다면 머지않아 대한민국 국민의 20%인 1,000만 명이 국내 기술력으로 개발된 스마트 스피커를 사용할 수 있을 것으로 예상한다. 덧붙여 한 가구당 2개 이상의 스마트 스피커를 사용하게 된다면 대한민국이 스마트 스피커의 시장 점유율에 한 몫 기여할 것으로 전망한다.

또한 미국 모닝컨설트의 조사에 따르면 스마트 스피커 구입 시, 가장 중요한 기능은 무엇인지에 대해 조사했다. 그 결과 1위는 '가격(30%)'으로 꼽혔고, 그 다음은 '음성인식 기능의 정확도(14%)'였다. 덧붙이자면, 국내 IT중소기업이 국내 공룡기업보다 합리적인 가격으로 독자적인 스마트 스피커를 출시한다면 충분히 국내 스마트 스피커 시장에서 살아남을 경쟁력을 갖출 수 있을 것으로 예상된다.

미래기술은 미래학습을 어떻게 바꾸나?

■ 미래교육의 변화 예측

기존 학교 시스템이 붕괴되기 시작 할 것이다. 우리가 앞으로 예측하게 되는 미래학교의 교육방식에는 많은 변화가 있을 것이다. 그 중 나날이 발전하는 과학기술로 인해 학습자가 필요로 하는 때에 원하는 장소에서 적합한 방식으로 필요한 지식과 기능을 학습할 수 있도록 새로운 교육시설, 관리체제, 교육내용 및 인적자원을 구축하는 학습공동체의 출현이다.

그 특징으로는 △영구성; 학습자가 사회적 활동을 하면서 학교교육을 받을 것이며, 모든 학습 과정이 매일 지속적으로 기록된다. △접근성; 학습자의 요구에 따라 자료가 제공된다. △즉시성; 어디에 있든지 문제 해결에 필요한 정보를 즉각적으로 획득 가능해 진다. △상호작용; 전문가, 교사, 학생, 환경, 사이버공간 등에서 상호작용이 이루어진다. △교수활동의 장소; 일상 삶(생산 현장)속에 학습이 내재화 되고, 과제와 지식이 실제 체험을 통해 통찰을 얻는 것으로 바뀐다.

마이크로소프트가 개발한 홀로렌즈(Hololens)를 활용해 볼보 자동차의 구조를 보며 가상 학습하는 모습. (Image Source: Hololens. Microsoft)

마이크로소프트가 개발한 홀로렌즈(Hololens)를 활용해 나사(NASA)가 화성을 가상 입체 탐험하는 모습. (Image Source: Hololens. Microsoft)

미래교육의 목표 측면에서 볼 때 평생학습사회에서 자기주도적 학습자를 키우는 교육 중심으로 바뀐다. 즉, △ 교과서에서 실생활 중심으로 △ 문제해결력 및 사회적 상호작용의 중요성 △ 인성교육 및 가치교육의 중요성 대두 △ 지력, 협동력 및 수행역량을 겸비한 전인교육을 목표로 한다.

미래교육의 방법으로는 △ 시간과 공간의 제약이 없는 개방형 교수·학습체제 구현 △ 전문화되고 현실감 넘치는 재미있는 학습 △ 자기주도적인 개인맞춤형 학습 △ 협동·협력학습 및 사회적 활동 강화 △ 실시간 수행평가 및 교사의 협력교수 강화 될 것이다. 이 같은 미래교육은 지능화된 첨단 과학기술을 적용한 교수–학습이 이루어 질 것으로 예측된다.

■ 온·오프라인 경계를 넘는 가상/증강현실(혼합현실) 체험학습

2015년 1월 마이크로소프트는 오큘러스 리프트, 삼성의 기어VR(Gear VR)과 구글 글래스의 대항마로 3차원 '홀로렌즈(HoloLens)' 카드를 꺼낸다. 협업이 가능한 홀로그램(Hologram)을 이용할 수 있는 전용 헤드셋인 홀로렌즈는 독특한 경험 그 자체로 증강현실(AR, Augmented Reality)과 가상현실(VR, Virtual Reality)을 하나로 묶은 시공간을 디자인할 수 있는 '혼합현실(MR, Mixed Reality)'의 세계로 안내하고 있다.

홀로렌즈는 나사(NASA)와 MS의 가상현실 홀로렌즈와 손잡고, 화성의 가상 입체 탐험을 예고하고 있다. 미 항공우주국 나사(NASA)와 협력해 구상한 프로젝트 사이드킥(Sidekick)은 홀로렌즈를 낀 우주비행사가 보는 영상을 스카이프로 실시간 중계하고 이를 지상에서 실시간으로 다시 지시를 해주는 '리모트 익스퍼트 모드(Remote Expert Mode)'와 우주비행사가 작업 중 홀로그램 영상을 통해 작업 설명서를 표시해주는 프로시저 모드(Procedure Mode)를 작동한다.

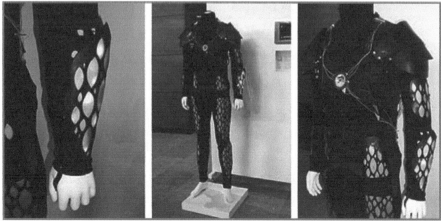

/테슬라 스튜디오(Tesla Studio)
가 개발한 스마트 섬유로 만든 입
는 형태의 VR 테슬라 슈트 (Tesla
Suit). (Image Source: Tesla
Studio)

\액손(Axon)VR이 개발한 웨어러블
VR 장비 액손 슈트(Axon suit).
(Image Source: AxonVR)

나사는 앞으로 홀로렌즈를 통해 우주비행사와 지상의 오퍼레이터와의 연계를 넘어 화성탐사로봇 등 우주 탐사에 저극 활용할 예정이었다.

작동 방법 중 하나는 시선이다. 고개를 돌리면 가상현실 물체가 그에 따라 바뀌게 된다. 다음은 제스처로 검지 손가락을 펴고 나머지는 말아 쥔 상태에서 6인치 정도 거리에서 마우스 클릭하는 모션을 한다. 그리고 음성으로 명령하는 것이다. 고글이 오큘러스 리프트 같은 기기처럼 눈을 완전히 가리지 않고 현실과 가상현실을 결합해서 보게 되는데, 마치 가상의 디스플레이로 보는 듯 한 느낌이다. 오큘러스 리프트의 비(非)투시(See-Closed) 형과는 완전히 다르다.

또한 홀로렌즈는 스카이프, 윈도우 10의 3D 프린터 통합 도구를 활용해 3차원 아바타 인형을 협업으로 수정해 바로 프린터로 출력한다. 케이스웨스턴 대학(Case Western Reserve Univ)의 교수가 나와 해부학을 홀로렌즈를 이용해 수업하는 장면을 시연했다. 그리고 홀로렌즈를 이용한 사물인터넷(IoT)을 협업하는 장면을 시연했는데 바로 로봇과 인간과의 협업 장면이다. 홀로렌즈에 나타난 컬러를 변경하고 사람이 장애물이 있을 경우 거리와 깊이는 측정해 우회하여 가는 동작을 시연했다.

3차원 홀로렌즈의 기회는 ▲ 설계/디자인 데이터, ▲ 건축, ▲ 그리고 협업이다. 따라서 의료/수술, 교육, 고고학, 건설현장, 플랜트, 엔지니어링 등 산업용으로 응용분야가 무궁무진하다. 이를 위해 MS는 이미 케이스웨스턴 대학, 클리블랜드 클리닉, 월트 디즈니, 나사(NASA), 제트추진연구소(JPL), 트림블(Trimble), 오토데스크(AutoDesk) 등 파트너 사들과 일을 하고 있다.

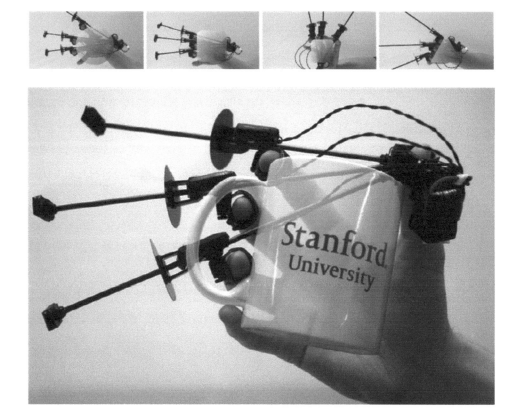

↑ Stanford University Shape Lab 연구팀이 개발 한 웨어러블 햅틱 Interface Wolverine. (Image Source: tanvas.co)

사람들이 새로운 방법으로 게임을 즐기는 방법, 3차원 디자인 객체, 홀로렌즈를 이용한 스카이프 대화나 누기 등 실험적인 개척을 꾸준히 진행해왔다. 상호 커뮤니케이션 가능한 학습에서부터 홀로그래픽 데이터를 이용한 새로운 인접 영역으로의 가능성 확대 등 다양한 영역의 연구자들이 참여해 미래에는 디지털과 현실의 정교한 조합으로 교육, 쇼핑, 여행, 사람 및 사물 간 상호작용에서 디지털 증강 경험이 일반화 될 것이다.

홀로렌즈에도 단점은 있다. 너무 무겁다는 점이고, 홀로그램을 볼 수 있는 시야가 제한적이란 점이다. 하지만 현재 애플이 추진하고 있는 혼합현실 글라스처럼 안경 형태나 콘텐츠 렌즈로 바뀌며, 더 멀리는 현재 활발히 연구가 진행 중인 뇌·컴퓨터·인터페이스(BCI)용 뇌파를 잡아내고 전달하는 패치로 바뀔 것이다. 즉. 파스 형태의 패치만 붙이면 클라우드와 연결된 학교 컨텐츠로 접속을 해 다양한 멀티 체험을 할 것이다.

혼합현실은 시공간, 즉 현실과 가상공간을 넘나드는 자연스러운 인터페이스를 통해 실제와 같은 환경에서 체험에 의한 학습을 지원한다. 특히 공간을 디자인하는데 있어 학습지간 협력 모델에 있어 매우 뛰어난 기술적 장점을 가지고 있다.

혼합현실의 기술적 장점은 교육적 활용이, 능동적 학습(active learning), 구성주의적 학습, 의도적 학습(intentional learning), 실제적 학습(authentic learning) 및 협동학습(cooperative learning)을 촉진할 수 있다. 혼합현실 환경에서 학습객체에 대한 실제적 조작활동은 학습자의 학습경험을 배가시키며 몰입을 유발하게 된다.

사례로 온라인 도서관에서 자료를 찾거나 학습교재에 적용해 3차원 체험 학습을 적용되며, 특히 자연, 지리, 지구과학, 물리, 화학 등 모든 분야에 폭 넓게 활용될 것이다. 특히 사회. 역사 콘텐츠, 수학 시뮬레이션은 시공간을 넘나들며, 오감을 자극시키는 학습도구로 자리매김할 것이다.

터치스크린에서 사
물의 질감을 손가
락으로 느낄 수 있
는 Tanvas Touch.
(Image Source:
tanvas.co)

애플 아이사이트
(iSight). (Image
Source: Apple)

특히 첨단 과학기술의 연구 콘텐츠를 보다 쉽게 접근할 수 있다. 예로 들면 생체모방(Biomimetic)융합기술 (나비의 유충에 멤스(MEMS)나 넴스(NEMS) 분자기계를 이식하여 나비가 되면 이를 원격으로 조정하여 인명수색 등에 활용) 논리적 접근, 빛을 100% 흡수하는 탄소나노튜브 메타물질 프로세스, CO_2 포집물질 마이크로 기공구조 메타물질 확보 프로젝트, 전기장이 아닌 자기장으로 전기를 무선으로 전송하는 그린에너지 융합기술 원리, 우주공학기술, 인공눈, 인공심장, 인공신장 등이 인간의 몸속에서 인간과 같이 사는 컴퓨팅(Liable computing) 생체공학(Bionic) 기술, 오감의 생체신호 감지기술로 인간의 오감으로 작동하는 오감 컴퓨팅, 뇌파감지기술과 두뇌 칩 이식기술에 의해 생각만으로 컴퓨터를 작동시키는 BCI, 생체이미징 융합기술, 의학/의료 바이오융합기술, 나노기술로 빛을 마음대로 구부릴 수 있는 3차원광학파장가이드, 즉 빛에 데이터를 저장하고 빛으로 쏘는 레이저 광 컴퓨터 등 미래 유망 기술을 학습하고 체험할 수 있는 매우 중요한 도구로 자리 잡을 것이다.

혼합현실(클라우드기반)에서는 악수만으로 출석이나 데이터를 전달할 수 있는 인체매질통신 시대가 온다. 바로 인간의 피부는 전도체라는 원리를 융합시키는 것이다. 20나노암페어의 저 전류 전자에 데이터를 저장시켜 피부에 흐르게 하면 귀걸이에서 안경으로 안경에서 손목시계로 데이터를 전송할 수 있다. 이게 바로 피부컴퓨팅/피부 네트워킹이다. 정보기술과 바이오기술이 융합되는 사례다.

■ 오감 컴퓨팅 학습 도구 출현

혼합현실 속에서 차세대 인지컴퓨팅은 학습하고 적응하고 느끼며, 실제 세상을 경험하기 시작할 것이다. 즉, 컴퓨터가 사람의 감각을 모방해 독특한 방식으로 보고 냄새 맡고 만지고 맛보고 들을 수 있는 인간의 오감 능력에 초점을 맞추고 있다.

IBM 리서치(Research)는 2017년 거시적 수준에서 나노 수준에 이르기까지, 미시세계에서 보이지 않는 것을 볼 수 있게 만드는 새로운 과학 기기(물리적 장치 or 첨단 소프트웨어 툴)를 전망했다. △인공지능(AI)은 사람의 말을 분석해 그 사람의 정신 건강 상태를 보여줌 △하이퍼이미징(Hyperimaging)과 인공지능은 슈퍼맨과 같은 시각적 능력을 제공 △매크로스코프(Macroscope)는 지구의 복잡성을 매우 상세하게 이해할 수 있도록 도움 △ 메디컬 랩 온어칩(Medical labs 'on a chip')은 나노 단위로 질병을 추적하는 건강 조사관의 역할을 담당. △ 스마트 센서들은 빛의 속도로 환경오염 감지 등이다.

IBM 리서치가 발표한 '오감 컴퓨팅 시대'는 만지고 느낄 수 있는 촉각, 보이는 모든 사물들을 분석할 수 있는 시각, 인간이 듣지 못하는 소리를 들을 수 있는 청각, 인간보다 뛰어난 디지털 미각세포, 인간보다 냄새를 수 십 배나 뛰어난 디지털 후각 등이다. 특히 인간의 5감 중에서 촉각은 가장 복잡한 감각이다. 촉각은 다른 감각들과는 달리 통합된 감각기를 가지고 있지 않지만, 촉감은 온 몸에 존재해 그 감각으로 얻는 정보는 인간의 인지와 행동에 깊이 연계되어 있어 오감학습에 가장 중요한 이유다. 이를 바탕으로 아스펙미래기술경영연구소에서 도출한 오감컴퓨팅의 구체적인 사례를 통해 학습에서 오감을 자극할 수 있는 방법을 알아보자.

1. 촉각 (Touch) : 만질 수 있다.

2017년 1월 '국제가전전시회(CES) 2017'에서 미국 스타트업 탠바스(Tanvas)는 '탠바스 터치'를 선보였다. 터치스크린에서 사물의 질감을 손가락으로 느낄 수 있게 해준다. 이 기술은 노스트 웨스턴 대학(Northwestern University)의 신경 과학 및 로봇 공학 연구소의 TanvasTouch 기술이다. 향후 이 기술이 상용화 된다면 시각 장애인의 물건 구매는 물론 자동차, 게임, 광고, 예술 등 다양한 영역에서 활용 될 것이다 또 울버린 촉감 장치는 VR에서 물체를 잡을 수 있다. 스탠퍼드 대학(Stanford University)의 Shape Lab 연구원 팀이 개발 한이 장치는 영화의 울버린의 발톱과 다소 흡사 한 웨어러블 기기는 엄지 손가락과 세 손가락 사이에 직접 힘을 가함으로써 사용자가 가상 현실에서 파악할 수 있는 다양한 물체를 시뮬레이션 한다.

미국의 스타트업 액손(Axon)VR은 2016년 5월 전신 VR 장비 '액손 슈트(Axon suit)'를 공개했다. 이 슈트는 만든 가상현실 수트를 입고 약간 공중에 뜨는 시스템에서 가상현실 속 물체의 실물과 같은 촉감을 시뮬레이트하는 스마트 햅틱 섬유로 가상 물체의 질감, 모양, 움직임, 진동 및 온도를 느낄 수 있기 때문에 재난사고에 대처하는 방법이나 극한 스포츠를 가상에서 즐길 수 있는 간접 체험의 기회를 제공할 수 있습니다.

스코틀랜드의 스타트업 테슬라 스튜디오(Tesla Studio)가 개발한 VR(가상현실) 테슬라 슈트 (Tesla Suit)는 스마트 섬유로 만든 입는 형태의 VR 기기로 거의 모든 햅틱 피드백을 제공한다. 이 슈트는 몸의 신경 52개를 자극해 바람, 통증, 뜨거움, 물 등의 느낌을 줄 수 있다. 심지어 비나 바람의 방향과 압력까지 그대로 전달해주는데 현재 가상 일인칭슈팅(FPS) 게임에 시연 중으로 게임에서 총에 맞으면 그 느낌 그대로 온몸에 전달된다. 슈트를 무선으로 작동하도록 설계되어 있다.

일본기업 후지쯔도 2014년에 미끄러움과 거친 촉감까지 표현할 수 있는 햅틱 기술을 선보였다. 영화 매트릭스가 다가오고 있다.

또한 미국 피츠버그 소재 디즈니리서치(Disney Research)는 최신 알고리듬을 적용해 터치스크린 기기에 3D 터치 감을 제공하는 기술을 개발했다. 텔레비전에서 개구리가 나왔을 때 만지면 미끈거림을 느낄 수 있고, 가상 공간

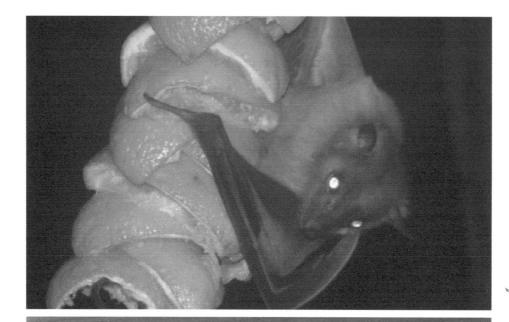

이스라엘 텔아비브 대학교(TAU) 연구진들이 이집트 과일박쥐들의 대화를 머신러닝으로 분석. (Image Source: England Cotswold Wildlife Park)

버튼을 누르면 포크는 혀의 소금 수용기를 자극하는 전기 신호를 전송. (Image Source: Rekimoto Lab)

의 쇼핑몰에서 옷의 질감을 만져서 느낄 수 있다. 즉 우리가 알고 있는 모든 사물을 디스플레이나 가상공간에서 만지고 느낄 수 있다는 얘기다. 이는 사용자의 몸에 전기 신호를 내보내어 손가락 표면에 아주 뚜렷한 촉감을 느낀다.

또 디즈니리서치가 개발한 에어리얼(AIREAL)은 카메라가 사람의 움직임을 읽고 상황에 따라 바람을 쏘는데 촉각 인터페이스(Tactual Interface)로 활용할 수 있다. 현재의 동작인식에 이 기술을 적용하면 바람과 같은 물리적인 느낌을 받을 수 있다.

애플도 2012년 촉각 기술 관련 특허를 출원했다. 가상 키보드에 적용해 실제 키를 누르는 듯한 촉감을 느낄 수 있다. 세계적인 감각 인터페이스(Haptic Interface) 햅틱(Haptic) 기술 연구 개발사인 핀란드 센세그(Senseg)는 촉각을 이용해 고비 사막 이미지를 만질 때 실제 모래를 느끼고, 태블릿이나 스마트 디바이스에서 전자책을 읽을 때는 페이지 구석을 잡는 느낌까지 제공한다.

눈에 띄게 발전하고 있는 촉각 인터페이스를 주목하는 이유 중 하나로 오감을 자극해 몰입감이나 현실감을 높이는 방식 중 가장 직관적인 형태다. 학습자를 촉감 시뮬레이션 환경으로 데리고 간다. 사람이나 심지어 백악기 시대 공룡의 심장을 직접 만지고 느낄 수 있다.

2. 시각 (Sight) : 인간이 볼 수 없는 것을 본다.

인간의 눈은 가시광선(Visible Light)만 감지하지만, 향후 컴퓨터는 라디오(Radio), 극초단파(Microwave), 적외선(IR), 극자외선(UV), X-선, 알파선, 감마선, 베타선까지 감지해, 인간이 감지할 수 없는 시각정보(이미지), 예술

(artwork) 정보, X-선 이미지, MRI 이미지를 분석해 인간에게 제공할 것이다.

애플은 2012년 3D 카메라 특허를 등록했다. 얼굴인식(facial recognition) 뿐만이 아니라 얼굴 표정이나 제스처까지 인식(facial gesturing recognition)한다. 리얼 3D 카메라는 인간의 눈에 해당한다. 오른쪽 눈이 대략 1억5천만 화소, 왼쪽 눈이 대략 1억5천만 화소 즉 인간의 두 눈은 총 3억 화소의 눈을 갖고 있고, 두 눈 사이의 거리(5~6Cm)가 있어 시각차에 따라 사물의 거리(Distance)와 깊이(Depth)를 인지한다. 따라서 3D Camera는 인간의 두 눈을 모방한 것으로 혼합현실 기기가 5,000만화소의 듀얼 카메라(Dual Camera)가 달린 3D 카메라가 나와 인공지능 눈에 보이는 모든 사물을 분석해 학습자에게 스마트 패턴을 제시할 것으로 예측된다.

또한 애플은 아이사이트(iSight)라는 카메라에 가시광선 렌즈, 적외선 렌즈, X-선 렌즈를 융합해, X-선으로 인간의 뼈 구조를 감지할 수 있고, 적외선으로 인간의 열 분포를 감지할 수 있게 하여, 이를 아이포토(iPhoto)앱으로 연결해 인간을 지원하고 있다. 특히 구글, 애플, 소니, MS 등은 글라스(Glass)를 개발하는데 집중하고 있으며, 이는 사람의 시각을 증강시키는 것이다.

3. 청각 (Hearing) : 세상의 모든 소리를 들을 수 있다.

인간의 귀는 16Hz~20kHz의 소리만 감지한다. 하지만 향후 컴퓨터는 20,000Hz 이상의 초음파를 모두 감지해, 인간이 감지할 수 없는 소리나 진동까지 감지할 것이다. 컴퓨터가 자연의 소리를 패턴별로 분류하고 예측해 학습자 분석에 기초한 소리를 인지하고 솔루션을 제시할 것이다.

〈둘리틀 박사의 바다 모험〉에 나오는 여러 동물들과 대화 할 줄 아는 괴짜 시골 의사 둘리틀 박사처럼,

2017년 1월 이스라엘 텔아비브 대학교(Tel Aviv University in Israel)의 요시 요벨(Yossi Yovel) 박사팀이 이집트 과일박쥐(Rousettus aegyptiacus)들이 내는 소리들을 분석해 '누구와 누가 말다툼을 하는지', '도대체 무슨 일로 옥신각신하는지'를 알아내고, 심지어 '말다툼의 결말이 어떻게 날 것인지'까지도 예측하는 방법을 '머신러닝 알고리즘'으로 개발했다. 동물의 의사소통을 이해하는 새 세상이 열리게 되는 것이다.

4. 미각 (Taste) : 디지털 미각 세포가 맛을 느낀다

디지털 미각세포를 통해 혼합현실에서 실제와 같은 맛을 체험 할 수 있다. IBM은 요리사들이 최고의 맛과 참신한 레시피를 창안하는 데 사용할 수 있는 실제로 맛를 느끼는 컴퓨터 시스템을 개발하고 있다. 이 시스템은 음식 재료들을 분자 수준으로 쪼갠 다음 음식 구성요소의 화학적 구성을 사람이 선호하는 맛과 냄새를 심리학적 요소와 결합한 시스템으로 새로운 맛까지도 창조할 수 있게 될 것이다.

2016년 3월 일본 레키모토랩(Rekimoto Lab)의 히로미 나카무라(Hiromi Nakamura)가 오랜 연구 끝에 소금을 넣지 않아도 짠맛을 낼 수 있는 '전기 포크(Electric Fork)'를 개발했는데, 혀에서 맛을 느끼는 미뢰를 전기작용으로 짠맛, 단맛, 신맛, 쓴맛, 음식의 질감 등을 느끼게 하는 제품을 개발했다. 2013년 싱가포르 국립대학(NUS, National University of Singapore) 연구원들이 단맛, 짠맛, 신맛을 흉내 낼 수 있는 디지털 미각 자극제인 '디지털 사탕(Digital candy)'을 개발했다.

↑ 스마트폰으로 전달된 제품의 향기를 향기 키트로 조합해 냄
새를 맡는 oPhone. (Image Source: indiegogo)

╱독일 뮌헨공대(TUM) 비행시스템역학연구소 연구원들이 뇌
파를 측정하는 캡을 쓰고 두뇌비행 시뮬레이션을 하고 있는
모습. (Image Source: TUM)

╲Image Credit : Apples Patent(20110040980, 17 Feb
2011) by patentlyapple.com via USPTO

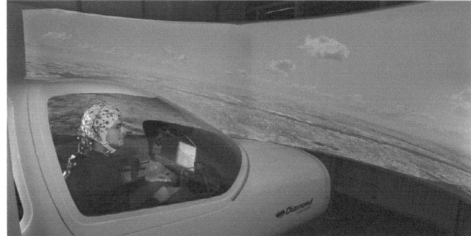

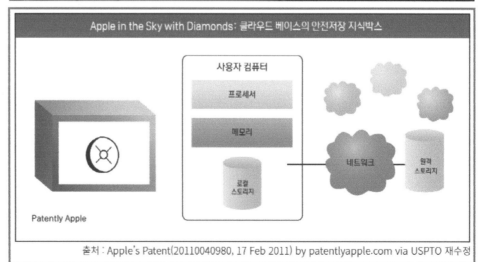

Apple in the Sky with Diamonds: 클라우드 베이스의 안전저장 지식박스

사용자 컴퓨터

프로세서

메모리

로컬 스토리지

네트워크

원격 스토리지

Patently Apple

출처 : Apple's Patent(20110040980, 17 Feb 2011) by patentlyapple.com via USPTO 재수정

5. 후각 (Smell) : 컴퓨터가 냄새를 맡는다

인간의 후각은 10,000개의 냄새분자를 감지하지만, 컴퓨터는 100,000개의 냄새를 맡을 수 있다. 2001년 미국의 IT 기업 노마딕스는 화약물질의 냄새를 파악해 지뢰를 탐지할 수 있는 전자코(Electric Nose)를 개발했고 미국 항공우주국(NASA)은 우주정거장에서 장기간 거주하는 승무원들의 건강을 관리하기 위해 우주선 실내 공기 중 인체에 유해한 화학물질을 감지할 수 있는 전자코를 사용하고 있다. 2006년 영국의 맨체스터대 연구진은 쓰레기 매립장과 폐수 처리 시설에서 발생하는 유독가스를 원격으로 관찰하고 이상 여부를 알려줄 수 있는 전자코를 개발했다.

최근에는 사람의 호흡에서 배출되는 냄새를 통해 각종 질병 여부도 알 수 있다는 연구 결과가 발표됐다. 또 2014년 베이퍼 커뮤니케이션스는 오미디어(oMedia) 플랫폼을 공개했다. 회사 측은 '향기의 아이튠'이라는 플랫폼을 이용해 프랑스 파리에서 전화기로 샴페인과 쿠키의 향을 뉴욕에 있는 오폰으로 전송했다.

미국의 트라이셍스(Trisenx) 및 영국 인터넷 제공자인 텔리웨스트 브로드밴드는 2004년에, 이메일에 다양한 향기를 코드화해 상대방에게 보내면 컴퓨터에 플러그인 되어 있는 향기 돔(Scent Dome)에서 그 향기가 혼합되어 공기 중에 뿌려지는 기술을 개발했다. 위 그림의 붉은 돔은 60개의 냄새를 생성할 수 있는 향기 돔으로 오른쪽의 컴퓨터에 플러그인 되어 있다. 이메일이 오면 이메일의 냄새 코드와 돔이 매칭되어 돔에서 냄새를 뿜어낸다.

시각 및 청각뿐 아니라 후각적 감각을 인터넷으로 보낼 수 있어, 3차원 감각으로 고객들의 감성을 유발하고, 향후 사랑과 예술이라는 고객가치 창출에 도전하는 것이다. 미래의 가상현실이 교육에 적용되는 다양한 도구는 이미 현재도 많은 발전을 이루어 왔다. 그러나, 앞으로 이러한 도구들이 교육플랫폼과 결합이 이루어지면서 보다 강력한 협업도구 역할을 하게 된다.

■ 학습과정에 대한 인공지능 도우미 등장

인공지능이 일반화 되면서 혼합현실에서 오감으로 체험한 학습과정 및 지식정도를 개인 맞춤형으로 적극 개입을 한다. 또한, 인공지능 학습 도우미는 학습과정을 담당하는 교수에게 학습자의 교육에 대한 참여도 및 학습상황 등을 알려주어서 튜터 (Tutor) 가 학습자에게 어떤 시점에 어떤 내용으로 지원을 해줄지를 판단하게 한다.

이와 함께 튜터와 학습자에게 관련 분야의 전문가 네트워크 소개 등을 통해 학습자의 학습이 전문가 네트워크 연결을 통해 학습 증진이 가능한지를 튜터의 판단을 통해 학습자에게 지원할 수 있도록 도와준다. 결국 교육 데이터베이스가 매우 중요하게 된다. 따라서, 관련 데이터베이스 제공회사와 인공지능 회사들은 수년간 축적된 전문가들의 개인별 정보를 교육과 연계할 수 있도록 제공한다.

■ 토론 학습방식을 위한 혼합현실

혼합현실 학습형태의 토론이 일반화 된다. 이런 토론에는 실제 토론장 토론과 컨퍼런스 로봇이 역할을 담당하고, 원격지 학습자는 이 로봇을 통해 토론에 참석한다. 원격지 학습자는 3차원 혼합현실을 통해 토론에 참석한다. 현재도 학습자가 스마트 기기를 통해 가상 토론이 제공되지만, 앞으로는 보다 다양한 디지털 기기가 활용될 것이다. 이중 혼합현실 기기는 일상화될 것이다.

■ 혼합현실 기술과 BCI/BMI와 연결된 교육의 미래

다양한 학습효과를 측정할 때, 인공지능은 BCI(Brain Computer Interface)/BMI(Brain Machine Interface)를 통해 보다 적극적으로 학습효과를 분석한다. BCI/BMI 기술은 인간의 두뇌와 컴퓨터를 직접 연결해 뇌파를 통해 컴퓨터를 제어하는 인터페이스 기술이다.

현재 BCI 기술은 여러 측면에서 제한적이고, BCI 기기를 단순하게 작동시키는 수준이지만, 향후 BCI 기술이 첨단화될 것으로 예상된다. 지금까지 뇌파를 이용한 이 기술은 장애를 겪는 사람들을 대상으로 했지만, 앞으로는 일반인에게 까지 대상범위가 확대될 것으로 보인다. BCI 기술은 학생들이 학습내용을 제대로 이해했는지 파악하고 심지어 감각과 행동분석까지 학습에 적용된 것이다.

■ 개인 학습정보의 축적과 정보보호

많은 정보 축적 으로 자기 주도적 학습을 위한 인공지능이 가이드가 맞춤형으로 큐레이터 역할을 한다. 지속적인 학습정보 업데이트를 수집하고 그 결과를 학습에 반영할지 여부는 인간이 최종 결정한다.

문제는 인공지능 학습지원을 위한 개인별 교육 데이터(지식, Knowledge)를 어떻게 관리하느냐가 관건이다. 미래 사회에서는 지식을 잃어버리면 모든 것을 잃어버린 것과 같다. 애플의 클라우드(Cloud)/빅데이터(Big Data) 전략 중 하나인 '안전저장지식박스(Safe Deposit Box)'를 통해 알아보자. 2011년에 '파일관리 안전저장지식박스(File Management Safe Deposit Box)'라는 특허를 등록했는데 그 핵심은 '클라우드 베이스의 안전저장지식박스매니저(A Cloud

Based Safe Deposit Box Manager)이다. 이는 은행의 물리적인 안전저장박스와 같이 가치 있는 디지털 지식을 안전하게 저장 보호하는 것이다.

또한 아이클라우드(iCloud)의 안전저장지식박스에 저장했다고 해서 분실될 가능성이 없는 것이 아니어서, 이 프로그램은 자동적으로 동시에 오리지널 파일의 2-3개 파일을 복사해 사용자의 컴퓨터나 아이클라우드 원격 스토리지에 저장하도록 하는 것이다. 클라우드베이스의 안전저장지식박스 서비스는 보안이 무엇보다 중요하다. 애플은 이를 위해 4단계의 안전엔진기술을 적용할 예정인데, (1) 암호 엔진(Encryption Engine), (2) 카피 엔진(Copy Engine), (3) 재확인 엔진(Verification Engine), 그리고 (4) 허용 엔진(Permission Engine)이 그 것 들이다.

■ 결론

하지만 이러한 미래기술을 활용한 학습을 위해 대한민국이 준비해야 할 것들은 너무나 많다. 먼저 관련 기초과학 기술 개발을 위해 성과 중심의 단기 계획이 아닌 중장기 로드맵을 잡아야 한다. 또한 기초기술이든 응용기술이든 간에 각각 기술을 활용할 SW/HW인 빅데이터, 인공지능, 클라우드, IoT, 보안 등 관련 기술핵심 인재와 역량을 필수적으로 길러 준비해야 한다.

그 이유로는 먼저 응용기술에서 인공지능이 중요하지만 국내에는 30년 전부터 인공지능 연구를 해왔다고 말만하는 전문가들뿐이다. 즉 실증할 만한 결과가 없어 그 어디에서도 전문가다운 전문가가 없다는 문제다. 물론 정부 국책 연구기관이나 국내 IT기업들이 앞 다투어 내놓고 있는 일부 인공지능 기술은 세계 시장에서 전혀 먹혀들만한 수준이 아니다. 또한 현재 인공지능을 개발하기 위해서는 데이터가 중요한데 우리만의 DBMS 구축도 전혀 이루어지지 않고 있다.

사물인터넷 역시 핵심 기술에서 센싱이 매우 중요하지만 센서 시장의 원천기술 거의 대부분은 일본이 독보적으로 장악하고 있다. 특히 사물에 청각, 미각, 후각, 촉각, 시각 등을 부여해 주변 환경의 변화를 측정할 수 있도록 한다. 이른 분석하고 개인별로 유효한 스마트 데이터로 전환 시켜줄 데이터 과학자들도 부족하다. 즉 빅데이터 전문가가 없다는 것이 문제다.

가상현실과 증강현실을 포함한 혼합현실 역시 마찬가지로 HW/SW 능력이 거의 전무한 상태다. 미래학습에서 중요한 컨텐츠 제작 능력이 글로벌 기업에 비해 현저히 떨어진다. 이 모든 사항의 공통분모는 소프트웨어 능력인데 그들에 비해 개발능력이 어디에 견줄 수 없을 정도로 낮다.

구글, 페이스북, 애플, 마이크로소프트 등의 신경망 인공지능 기술은 텍스트와 이미지, 동영상 분석은 물론이고 전세계 언어 통번역 수준은 놀랍게 발전하고 있다. 특히 인공지능 의사 왓슨으로 유명한 IBM은 '체화된 인지 심리'를 기반한 인공지능 알고리즘을 개발하고 있을 정도다. 미국은 이미 이러한 기술 기반으로 초등교육에서부터 대학 교육 학습에 적용하고 있다. 미국은 조지아 주립대학이나 코넬대학 처럼 교육 현장을 중심으로 수강 신청, 학교 안내 등에 챗봇을 사용하는 대학들이 점점 늘고 있다. 조만간 학습자 분석을 통해 개인 맞춤형 학습을 지원할 것이다. 인공지능 기술의 결합 결정체인 챗봇은 문자(Text) 형식의 인간의 언어와 감성을 컴퓨터가 이해하고 학습, 추론하는 맥락 분석 기술인 자연어처리(Natural Language Processing), 텍스트 마이닝(Text Mining), 패턴인식, 상황인지(Context-Awareness) 등의 기술이다.

교육계에서 잘 아는 미네르바 대학의 학습모형이 뛰어나다는 것은 이미 정평이 나있다. 그 근본에는 '액티브 러닝 포럼(Active Learning Forum)'이라 불리는 온라인 화상 교육 영상 분석 시스템이 핵심 역량이다. 비디오 채팅 중 시선이나 표정 등을 분석해 곧바로 화면에 이를 띄워 교수뿐만 아니라 챗팅에 참여하고 있는 학생들에게도 표시된다. 또 음성인식 시스템은 학생 한 사람, 한 사람의 발언 빈도를 다른 색으로 표시해준다. 이를 기반으로 교수는 해당 학생을 대상으로 맞춤형 토론을 진행하는 것이다.

이 표정 분석 시스템은 애플에서 독보적인 기술을 확보하고 있다. 애플이 인수한 얼굴표정 인식 기술개발 업체 '이모션트(Emotient)'는 사용자들이 참여할 수 있는 '크라우드소싱(crowdsourcing)'을 활용해 감정을 최대 10만 가지 표정을 수집하고 분석하는 기술을 개발해 특허까지 보유하고 있다. 이 기술은 범죄심리학 분야의 세계적인 석학인 폴 에크만(Paul Ekman) 전 캘리포니아 의과대 교수가 1970년대에 발표한 5000여개의 안면 근육 움직임 등 표정, 몸짓, 목소리 같은 미세한 행동 패턴을 통해 거짓말을 알아내고, 상대방이 어떤 감정 상태인지를 잡아내는 자료를 근거로 감정을 추론하는 알고리듬을 개발했다. 심지어 이 기술은 어두운 조명, 저사양의 웹캠, 안경이나 수염 등으로 가려진 얼굴 등 열악한 환경에서도 표정을 잡아낼 수 있을 뿐만 아니라, 1080p 해상도의 영상 안에서 최대 100명까지 얼굴을 정확히 인식할 수 있다. 기술이 사람의 감정을 읽고 있는 것이다.

현재 상황으로만 보면 대한민국의 미래교육도 산업과 마찬가지로 흉내만 내고 말 것이 분명하다. 그렇다면 미래교육의 100년을 세울 수 있는 방안은 무엇일까?

문제해결 방안으로는 대한민국 사회의 시스템 혁명이 일어나야 한다. 정부나 기업 등 조직의 수직적 구조가 타파되어야 하고 이를 기반한 창의적이고 유연한 사회가 이루어 져야 한다. 우선 당장 시급한 문제를 해결하기 위해서는 미래교육 시스템을 개발하는 교육 관련부처 또는 해당 연구소가 국가 과학기술 정책에 적극적으로 참여하고 협력해 장기적인 로드맵을 잡아야 한다. 그것도 아니라면 우리에게 적용할 수 있는 해외 우수 기술이나 교육 컨텐츠를 잘 살펴보고 도입해야 하는데 이것도 그들의 플랫폼에 갇힐 수밖에 없다. 결론은 그럼에도 교육 전문가들과 과학 기술 전문가들이 힘을 모아 하나하나 문제를 풀어 나가는 수밖에 없다. (이 글은 국제미래학회·한국교육학술정보원가 2017년 4월 13일에 펴낸 〈대한민국 미래교육 보고서〉의 저자 및 책임 집필위원으로 참여해 쓴 내용이다.)

참고자료

- 마이크로소프트 리서치(microsoft Reaserch) or 마이크로소프트 홀로렌즈(microsoft hololens)
- IBM Research 5 in 5 2012/2017
- 애플의 전략, iCloud 미래 지식산업 은행으로(Apple의 Cloud/BD 전략) 안전저장지식박스(Safe Deposit Box).
- Everyday bat vocalizations contain information about emitter, addressee, context, and behavior.
- aboratoire Rvolutionnaire et Romantique.
- Tanvas Unveils TanvasTouch Haptic Tech.
- 테슬라 슈트 (Tesla Suit).
- Disney Research Surround Haptics.
- BCI(Brain Computer Interface)/BMI(Brain Machine Interface) 기술 – 차원용, "미래기술경영 대예측" (서울: 굿모닝 미디어, 2006)
- Apple in the Sky with Diamonds: A Cloud Based Safe Deposit Box.

←세계 1위에 떠오른 중국 선웨이 타이후즈광.

→세계 4위 일본 교우코우

↗세계 5위 미국 타이탄

↘한국에 구축 중인 슈퍼컴퓨터 5호기

세계는 슈퍼컴퓨터 전쟁

다가오는 4차 산업혁명의 지능정보사회에 대응할 수 있는 핵심인프라로 자리 잡을 KISTI(한국과학기술정보연구원)의 HPC(고성능 컴퓨팅, High-Performance Computing)인 '슈퍼컴퓨터 5호기'가 내년 6월부터 본격 가동된다.

세계 10위에 달하는 '슈퍼컴퓨터 5호기'는 기존 슈퍼컴퓨터 4호기보다 성능이 무려 70배나 향상됐다. 이는 세계 8위 수준의 미국 국립에너지과학연구센터(NERSC) 슈퍼컴퓨터 '코리(Cori)'와 세계 9위 수준의 일본 슈퍼컴퓨터 '오크포리스트 팩스(Oakforest PACS)' 등과 비슷한 성능이다.

먼저 슈퍼컴퓨터(Supercomputer)란 대규모의 연산을 초고속으로 수행하기 위해 만들어진 컴퓨터로 계산만을 위해 만들어진 컴퓨터다. 과거 슈퍼컴퓨터는 '크레이' 등이 계산에 특화된 특수 아키텍처와 통신 메커니즘을 가지고 전용 CPU를 사용했다. 하지만 하나의 CPU에 성능을 높이는 것에 한계가 있어 CPU를 여러 개 사용하는 '병렬처리'로 사용했다. 그 뒤 코어수가 많을수록 더 계산 능력이 좋아질 거라는 생각에 CPU를 수십만 개 까지 늘렸다.

그러나 코어의 수가 늘어나면서 발열과 엄청난 전기를 사용하게 됐다. 결국 특정 계산을 지원하는 보조 프로세서와 이미지 처리를 위해 개발된 GPU(Graphics Processing Unit) 그래픽 처리 장치를 범용적인 계산에 이용하는 GPGPU(General Purpose computing on GPU)나 SoC 병렬 주 전산기 등으로 눈을 돌렸다. 연산은 GPU와 같은 계산용 프로세서들이 하고 CPU는 계산을 통제·관리하는 구조다.

2017년 랭킹 5위인 미국 타이탄의 경우 AMD Opteron 6274와 NVIDIA Tesla K20X를 사용해 엄청난 계산 성능을 뽑아내는 구조로 만들어졌다. 일례로 지난해 전 세계에 이름을 알린 알파고 역시 GPU를 병렬 처리로 이용한 구조다. 다만, CPU가 아닌 프로세서들은 프로그래밍이 어려워 아직은 적용 분야가 머신러닝 같은 분야에 한정되어 있다. 또한, 이 구조는 비트코인과 같은 암호화폐를 채굴하는 데 많이 사용하고 있다.

한창 떠오르고 있는 클라우드 컴퓨팅 분야 중 계산 클라우드를 이용한 방법도 제시되고 있지만, 이를 슈퍼컴퓨터라 부르지 않는다. 이는 계산 클라우드가 기존 슈퍼컴퓨터와는 운영 방식이 다르기 때문이다. 슈퍼컴퓨터는 소수의 사용자가 매우 복잡한 연산을 처리하는 것을 주목적으로 하고 있다. 계산 클라우드는 많은 인원이 사용해 단순한 연산 데이터가 많이 모이는 빅데이터를 이루는 데 반해, 슈퍼컴퓨터의 경우에는 한가지 계산에서 처리하는 데이터가 크고 계산 부하가 매우 크다. 또 하나는 계산 클라우드 보안 문제로 외부에서 접속하는 것을 철저하게 차단하고 있는 연구 집단의 인식도 문제로 대두되고 있다.

슈퍼컴퓨터의 하드웨어 성능을 살펴보면, 페타플롭(Petaflop)은 초당 1000조번의 계산을 하는 것이다. 세계 1위 중국 선웨이 타이후즈광의 연산속도는 93페타플롭스이다. 즉, 개인용 PC CPU 한 개가 빨라봐야 300~400 기가플롭스 정도인데 선웨이 타이후즈광은 개인용 PC 20만대를 모아놓은 것과 똑같다. 더구나 선웨이 타이후즈광은

CPU(SW26010, Sunway)를 비롯해 모든 부품을 중국 자체적으로 만들었다.

전 세계 슈퍼컴퓨터 순위를 집계하는 '톱 500 프로젝트'가 최근 발표한 순위에 따르면 중국산 슈퍼컴퓨터가 1·2위 석권했다. 중국의 선웨이에 타이후즈광이 1위를 차지한 데 이어 중국 톈허2호가 그 뒤를 이었다. 이어 스위스의 피즈 다이언트가 3위, 일본의 쿄우코우가 4위를 차지했다. 기존 3위였던 미국 타이탄은 5위로 내려갔다.

중국의 IT 굴기에 자극받은 2015년 당시 미국 오바마 행정부는 엑사플롭스(Exaflops, 초당 100경 번 연산처리) 슈퍼컴 개발을 위한 '국가전략컴퓨팅계획(NSCI, National Strategic Computing Initiative)'을 발표했다. 이는 1위 재탈환을 목표로 인텔과 IBM, 엔비디아 등이 참여하는 슈퍼컴퓨터 프로젝트를 2021년까지 2억5천800만 달러(한화 약 2천900억원)을 투입해 엑사플롭스 연산속도를 구현할 슈퍼컴퓨터 개발한다는 계획이다. 내년 중에는 연산속도 125페타클롭스의 서밋을 가동할 예정이다. 이는 페타플롭스를 월등히 뛰어넘는 능력으로 앞으로 슈퍼컴퓨터 분야의 주도권을 미국이 가져가겠다는 의도다.

전 세계 슈퍼컴퓨터 순위는 집계한 'TOP 500 프로젝트'는 1993년에 발족한 독일과 미국의 슈퍼컴퓨터 전문가들인 만하임 대학, 테네시 대학, 로렌스 버클리 미 국립 연구소의 연구진들이 각국의 슈퍼컴퓨터 보유 대수와 연산속도 등을 집계해 매년 6월 ISC(International Supercomputing Conference)와 11월 SC(Supercomputing Conference) 개최에 맞춰 발표되고 있다.

용도별로는 대용량 병렬처리를 요구하는 모든 분야다. ▲군사 분야에서는 다수의 목표물에 대한 동시교전 능력과 무기관제, 탄도계산 등을 위해 함마다 슈퍼컴퓨터가 들어간다, 3D 렌더링, 시뮬레이션(핵무기, 워게임). ▲과학연산 분야는 지구과학(우주, 지구 대규모 시뮬레이션 및 천문 신호 처리), 생물학 (단백질, DNA 등 고분자 분석, 세포 시뮬레이션, 생태 시뮬레이션), 화학(고분자 분석, 화학물질 가상 합성), 물리학 (대규모 물리연산인 전산유체역학(CFD) 등), 수학(대규모 연산, 경우의 수, 암호 해독 등) ▲날씨예측(위에 기술한 지구과학, 물리학, 수학 등 모든 분야를 망라한 미분방정식(나비에-스토크스 방정식 등)을 천 만개 이상의 격자점에서 계산한다. ▲주가예측. ▲기술시연 등이다.

슈퍼컴퓨터는 보통 과학기술 연구 또는 기상예측 등에 많이 이용되기 때문에 슈퍼컴퓨터의 성능이 곧 국가의 경제력이나 기술력 수준의 척도로 볼 수 있다.

앞으로 KISTI가 개별 연구기관이나 조직에서 처리할 수 없는 거대 과학문제를 슈퍼컴5호기를 통해서 지원한다는 계획이다. 기하급수적으로 증가하게 되고 모든 분야에서 데이터기반의 연구가 활성화될 수 있도록 개별적 데이터센터를 구축하는 것을 지원할 예정인데, 일종의 통합 및 분산형 하이브리드 슈퍼컴 빅데이터 센터 개념이다.

'슈퍼컴퓨터 5호기'가 한국 연구기관 뿐만 아니라 산업계나 국가, 사회적 문제해결 등에도 다양하게 활용될 수 있도록 기대한다.

현재 웹을 대체하는 블록체인 기반 'D-웹(D-Web)'이란?

1989년 WWW, URL, HTTP 등을 고안해 인터넷 시대를 연 위대한 기술자이자 물리학자 팀 버너스리(Tim Berners Lee)는 W3C를 창설하고 웹을 표준화하기 시작했다. 이때 웹의 기본 정신을 개방성과 접근성이었지만, 이러한 웹의 기본 정신은 독점적으로 웹의 자원을 확보하는 상당수의 기업에 의해 좌우되는 상황이 되었다.

검색 서비스는 구글이 좌지우지하고, 페이스북은 개인정보를 대량으로 축적하는 등 현재 웹 서비스는 거대 서비스 제공자에 의해 관리받기 때문에 표현의 자유와 개인정보보호에 구조적인 문제를 안고 있다. 우리나라도 마찬가지로 대부분의 디지털 자원이나 개인정보는 몇몇 포털에 의해 지배당하고 있다.

이를 해소하기 위해 팀 버너스리를 중심으로 W3C에서 진행되고 있는 캠페인이 바로 분산 웹(Decentralized Web) 이다. 즉, 거대 관리자 없이 개개인이 네트워크로 연결해 생성하는 분산형 웹(DWeb, Decentralised Web)이라는 기술이 떠오르고 있다.

↑ 디피-헬만 키 공유 방식으로 공개 키 암호 방식의 개념을 최초로 제안한 화이트필드 디피(Whitfield Diffie) 출처: Decentralized Web Summit 2018

↓ 출처: Electronic Frontier Foundation

↑ 인터넷 아카이브의 앞 단계에서 분산 웹 서밋 (Discentralized Web Summit) 와 참석자. 이미지 크레디트: Brad Shirakawa

↓ 출처: Decentralized Web Summit 2018

월드와이드웹의 다음 큰 단계로 DWeb이 거대 IT기업들의 데이터를 다시 거둬들일 기회로 보고 있다. DWeb이 언제 어떻게 작동이 되는지 살펴보기로 하자.

구글이 중국에 다시 진출하기 위해 중국 당국이 검열할 수 있는 검색 엔진을 개발하고 있는 것으로 알려진 당시 미국 샌프란시스코에서 월드와이드웹을 만든 팀 버너스 리(Tim Berners-Lee)를 포함한 800여 명의 개발자와 관련 그룹이 모임을 갖고 구글과 페이스 북과 같은 인터넷 게이트 키퍼를 우회하는 위대한 아이디어를 논의했다.

그들이 진행한 회의는 'DWeb 정상회의(분산 웹 서밋, Decentralised Web Summit)'로 지난 7월 31일부터 8월 2일까지 개최됐다.

DWeb이 등장하게 된 원인은 현재 인터넷을 지배하는 거대한 서비스에 있다. 'Web2.0'이라는 단어가 등장한 때부터 구글, 페이스북, 마이크로소프트, 아마존 등 대기업이 제공하는 중앙 집중식 서비스를 통해 서로 통신하고 정보를 공유하기 시작했다.

따라서 전 세계 사용자 정보가 저장되는 중앙 집중식 웹은 해킹에 의한 사이버 공격으로 개인 정보가 유출 될 위험이 있다. 또한 중앙 집중식 서비스가 중단되면 통신이나 저장된 데이터가 손실될 위험이 있으며, 정부 등에 의한 검열과 수집된 개인정보를 팔아 광고로 이용될 수도 있다.

이처럼 Web2.0의 폐해를 해소하기 위해 탄생한 것이 'DWeb'이라는 분산 컴퓨팅을 웹에 활용하는 구조다. 기존 웹과 DWeb의 차이는 먼저 단말끼리 연결되는 P2P 통신이 기본이다. 여기서 P2P를 연결하는 컴퓨터 단말기는 서비스를 요구뿐만 아니라 제공도 하는 큰 차이가 있다. 즉, HTTP 프로토콜을 이용해 특정 서버에 저장된 정보에 액세스하는 것이 아니라 사용자 자신이 분산된 데이터를 제공하는 매체 역할도 하게 된다는 의미다.

이러한 DWeb의 기술적 배경은 기본적으로 '블록체인(Block Chain)' 기술이다. 중앙 집권적인 통화 발행권자를 배제하고 분산 통화를 만들어 낸 가상 통화(암호화된 디지털 통화)를 가능케 한 블록체인을 웹에서도 적용하자는 것이 DWeb의 생각이다. 정보를 한곳에 모으는 것이 아니라 블록체인에 의해 분산 저장한 DWeb은 정보를 관리자가 관리하는 것은 불가능하다.

현재 DWeb은 이미 시작되고 있다. '분산 벼룩시장(OpenBazzaar)이나 구글 문서 대안으로 '그래파이트 독스(Graphite Docs)', 인스타그램 대안인 '텍스타일 포토(Textile Photos), 슬랙이나 와츠웹의 대안이 될 수 있는' 매트릭스(Matrix), 유튜브 대안 '디튜브(DTube) 등이다. 기존의 SNS 서비스와는 다른 소셜 네트워크 서비스로는 '아카샤(Akasha) '나 ' 디아스포라(Diaspora)가 있다 또 P2P 웹용 브라우저 '비커 브라우저(Beaker Browser) '가 탄생하고 있다.

DWeb은 전통적인 광고형 사업은 작동하지 않는다. 따라서 DWeb는 다른 경제 구조가 필요하고, 그 중요한 관건이 소량을 결제할 수 있게 하는 소액 결제시스템 구축이다. 서비스 이용의 대가를 직접 지급하는 구조가 있으면 광고 시스템에 의존하지 않고 크리에이터는 수익을 얻을 수 있어 창작 활동이 활발해지고 나아가 컨텐츠 이용료가 저렴할 수밖에 없다.

또한 블록체인 기술 기반 DWeb은 개인의 정체성을 담보하는 암호가 필요하다. 즉, 개인을 식별하는 생체인식 등 인증 하나면 된다.

하지만 단점도 있다. DWeb에서는 관리자가 없어 온라인 괴롭힘과 증오심 표현이 증가할 가능성이 있다. 예를 들어, 잘못된 정보가 표시되더라도 삭제 요청을 할 수 없다. 이는 최근 유럽을 중심으로 진행되고 있는 '잊혀 질 권리'를 크게 손상시킬 수 있다는 점이다. 또한 아동 포르노 범죄 등 각종 범죄에 관한 정보 등을 삭제하는 것도 어렵다.

현재 DWeb이 가지는 장점과 단점이 존재한다. '프로토콜 랩(Protocol Lab)' 창시자 후안 베넷(Juan Benet)은 "DWeb의 장점을 살려 중앙 집중식 시스템에서는 불가능한 일에 초점을 맞춰야 한다"고 주장했다.

한편, DWeb에 대한 부정적인 견해도 많다. 하버드 로스쿨의 연구원이며 'Blockchain and the Law' 책으로 유명한 블록체인 전문가인 '프리마베라 데 필리 피(Primavera De Filippi)'는 "거버넌스에 관한 큰 문제가 있다. 아무도 책임을 맡지 않을 때 분산된 웹이 모두 어떻게 모이게 되는가? "라며, "그리고 어떻게 하면 다시 중앙 집중화가 되지 않게 할 수 있을까? 특히 돈을 벌고 싶은 회사들이 있을 때"라고 말했다.

DWeb은 새롭게 싹트고 있지만, 당장 변화를 가져오는 것이 아니라 느긋하게 지켜봐야 할 시점으로 보인다. 당분간은 거대 IT 회사들이 현재 구조를 가지고 갈 것이다. 그들은 현 상황을 유지하기 위한 많은 힘이 있기 때문이다.

하지만 W3C를 중심으로 블록체인 기반의 다양한 분산 기술이 표준화 하려는 노력이 진행 중이다. 이러한 노력들이 결실을 맺고 새로운 웹을 만들어 낼 수 있을지 관심을 갖고 지켜봐야 할 시점이다.

암호화된 개인정보, 복호화 없이 분석 가능

개인정보 노출 없이 기계학습을 수행하는 동형암호 기술이 개발됐다.

서울대학교 수리과학부 천정희 교수 연구팀이 지난 10월 미국에서 열린 '게놈 데이터 보호 경연대회(Genomic data privacy and security protection competition)의 최종 우승팀으로 선정됐다.

연구팀은 경연대회 3개 주제 중 하나인 '동형암호를 이용한 기계학습' 주제에서 마이크로소프트 연구소, 스위스 EPFL 공대, 벨기에 루뱅대학 등 세계 유수의 동형암호 연구팀들과 경쟁하여 월등한 계산속도와 정확도를 보이며 우승을 차지했다.

'동형(同形)암호'는 암호문의 내용을 들여다 보지 않고도 암호화된 상태 그대로 통계 분석이 가능한 것이 특징으로, 개인정보를 암호화된 상태로 보호하면서 동시에 안전하게 활용할 수 있는 미래기술로 주목받고 있다.

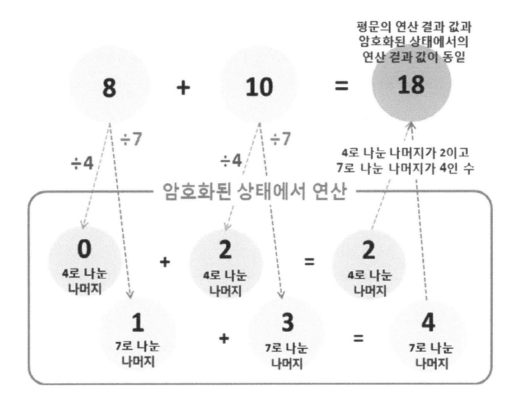

동형암호는 1970년대에 처음 이론연구가 시작된 이후 2009년에 이르러서야 IBM 연구원인 Gentry에 의해 동형암호의 기술적 가능성이 증명됐다. 2011년에 미국 MIT대학의 기술보고서(Tech. Review)에서 10대 유망기술로 선정된 바 있다. 이후 여러 동형암호 후속연구들이 소개되었지만, 실제 응용 분야에 적용이 어렵다는 한계점이 있었다.

1이번에 천정희 교수 연구팀이 과기정통부의 연구개발 지원으로 개발한 동형암호 기술은 기계학습과 같은 실용적인 응용 분야에서 획기적인 속도로 암호화 연산을 처리할 수 있다는 사실을 경연대회 우승을 통해 증명했다.

아직은 평문 연산에 비해 속도가 수십 배 느리고 저장 공간을 수백 배 이상 차지하는 단점이 있으나, 꾸준한 기술개발을 통해 개선해 나갈 수 있을 것으로 기대된다.

"10년 후 '하이브리드 클라우드↔엣지 AI' 기업이 플랫폼 장악"
- 애플이 HAS 갖춘 유일한 기업...암호화 개인정보 활용에 '동형암호화' 데이터 머신러닝

2018년 11월 10일 사단법인 도전과나눔은 지난 9일 GS타워 아모리스홀에서 차원용 아스팩미래기술경영연구소 소장을 초청한 가운데 제5회 기업가정신 포럼을 개최했다.

차 대표는 현재 연세대 공학대학원 미래융합기술 비전임교수, 국제미래학회 과학기술위원장, 국토교통부 자율주행차 융복합미래포럼 비즈니스분과 민간 위원, 한국정보화진흥원 비상임 이사 등을 맡고 있다.

200여명이 참석한 이날 포럼에 강연자로 나선 차원용 소장은 "10년 후 클라우드 AI에서 엣지 AI, 또 엣지 AI에서 클라우드 AI, 즉 하이브리드를 구축한 기업이 플랫폼을 장악할 것이다"라고 전망했다.

이어 "지금까지 모든 서비스는 중앙 집중식으로 클라우드에 저장되었으며, 이로 인해 개인정보 유출 등 많은 폐해가 나타났다"며 "애플과 페이스북, 구글 등 글로벌 IT기업들이 새로운 움직임을 보이고 있는데, 이를 예의 주시해야 한다"고 강조했다. 또 "퀄컴, 삼성전자, 애플, 인텔 등이 인공지능 칩을 개발하는데 그 이유는 엣지 컴퓨팅을 구현하기 위함으로 클라우드와 엣지가 하이브리드로 서로 주고 받는다"고 설명했다.

차 소장은 이 과정에서 블록체인 기술이 강력한 힘을 발휘할 것으로 내다봤다. 조선왕조실록의 4사고와 5사고를 예를 들면서 "세계 기록문화유산에 등록된 조선완조실록을 세종 때 4사고, 즉 춘추관, 충주, 전주, 성주에 필사본을 분산해 배치하다가 임진왜란 때(피지컬 해킹) 전주를 제외한 모든 사고가 불타 없어졌다"며 "결국 전주에 남아 있던 실록이 오늘날에 이르렀다. 따지고 보면 블록체인 기술의 원조는 우리나라다"고 강조했다.

블록체인 기술은 나날이 발전하고 있다. 차 소장은 "KT는 현재 2500TPS(초당 접속자) 수준이지만, 서비스 중인 카카오톡의 3000TPS를 넘어 올해 안에 1만TPS를 넘고, 2019년에는 10만TPS로 끌어 올릴 것이다"고 분석했다. 이어 "따라서 조만간 D-앱이 상용화 될 것이다. 하지만 문제는 암호화 된 개인정보를 데이터 활용을 위해 어쩔 수 없이 암호를 풀어야만 하는 문제가 발생한다"고 말했다.

차 소장은 이러한 문제 돌파 기술로 '동형암호화' 된 데이터의 머신러닝을 꼽았다. 4세대 암호인 '동형암호'는 암호화된 상태에서 계산이 가능한 암호를 말한다. 즉, 암호화된 데이터를 복호화하지 않고 암호화된 상태 그대로 통계분석 및 머신러닝을 수행하는 기술로 특히 양자컴퓨터 시대에도 안전한 새로운 암호 기술이라고 설명했다.

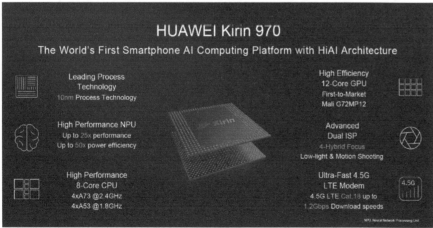

↘ 애플 A11 바이오닉(Bionic) 칩 (출처=애플)

↗ 화웨이 모바일 AI 칩셋 기린 970 (출처: 화웨이)

↑ 인텔 모비디우스(Movidius) Myriad X (출처: 모비디우스)

동형암호를 이용한 머신러닝 분야에서 서울대 수리과학부 천정희 교수팀이 2017년 10월 미국에서 열린 '게놈 데이터 보호 경연대회'에서 마이크로소프트연구소, 스위스EPFL 공대, 벨기에 루뱅대 등을 제치고 우승을 차지했다. 한편 한국스마트인증은 2016년에 서울대로부터 동형암호 원천기술을 이전 받고, 다양한 개인정보보호 기술을 개발하고 있다. 여기에 국내 1호 암호화폐공개(ICO) 프로젝트로 잘 알려진 보스코인 프로젝트를 주도하는 블록체인OS가 한국스마트인증에 지분 참여를 통해 1대 주주가 됐다.

하지만 동형암호 기술은 극복해야 할 문제가 몇 가지 존재한다. 평문 연산에 비해 속도가 수십배 느리고 저장 공간을 수백 배 이상 차지하는 단점이 있다. 현재 단점을 개선하기 위해 연구가 활발히 진행되고 있다.

차 소장은 "동형암호 기술적 문제 극복을 위해 동형머신러닝 알고리즘을 개발하고, 효율적인 동형암호 알고리즘 개발과 고속 구현, 클라우드 AI 〈-〉 엣지 AI 구현, 블록체인 구현을 해야 한다"고 강조했다.

이어 "적어도 2020년에는 D-앱이 스마트폰에 깔릴 것이다. W3C도 웹 기반 블록체인 구현(D-웹)을 위한 활발한 논의가 진행 중이다"며 "결국은 하이브리드로 클라우드 AI 〈-〉 엣지 AI 구현하는 기업이 세상을 지배하는데, 현재로서는 애플이 가장 눈에 띄는데 HAS(Hardware Ai Software)를 갖춘 유일한 기업이다"고 내다 봤다.

차 소장은 애플 특허 분석을 통해 "2020년에 애플이 3D OS를 출시하고, '아이 클라우드 베이스의 안전저장지식박스(iCloud Based Safe Deposit Box)'를 블록체인 기술로 구현할 것"으로 예측했다.

전 세계는 모바일 인공지능(AI)칩 전쟁 중

모바일 컴퓨팅의 미래가 인공지능(AI)이 탑재된 모바일용 시스템온칩(SoC, System on a Chip)에 집중되고 있다. 모바일 AI칩의 놀라운 성능은 스마트폰에서부터 감지되고 있는 가운데 최근 시장조사업체 카운터포인트 리서치는 인공지능(AI) 칩을 탑재한 스마트폰이 오는 2020년에는 35%에 이를 것으로 전망했다.

애플의 세계 첫 아이폰용 AI 칩을 시작으로, 화웨이, 퀄컴, 인텔, 엔비디아, 마이크로소프트 등과 신생 스타트업들이 속속 출시하거나 개발 중이다.

애플은 2017년 9월 신규 아이폰 X와 아이폰 8의 두뇌 격인 애플리케이션 프로세서(AP)를 초당 6000억 번(600GOPS, Giga Operation Per Seconds)의 연산을 수행하는 인공지능 기반의 '뉴럴 엔진(Neural Engine)'칩 'A11 바이오닉(Bionic)'을 탑재했다.

아이폰에서 머신 러닝과 안면인식 등에 사용될 목적으로 개발된 뉴럴 엔진 A11 바이오닉은 아이폰X 전면의 트루뎁스 카메라가 사용자 얼굴에 30,000개 이상의 점(Dot)을 뿌려 사용자를 인식하는 페이스-아이디(Face-ID) 기능과 감정을 표현하는 3D 이모티콘 이모지(Emoji)인 애니모지(Animoji)에서 사용자의 50개 이상의 얼굴 근육 변화를 인지하여 렌더링 해준다. 애플은 뉴얼 엔진의 정확도를 높이기 위해 할리우드 스튜디오에서 제작한 10억 개 이상의 얼굴을 이용해 훈련을 시켰다.

특히 A11 바이오닉은 AI에 최적화된 6코어 SoC로 가히 혁명적이라 할 수 있다. 애플은 그래픽처리장치(GPU)도 기존 이매지네이션 테크놀로지(Imagination Technologies)사의 공급계약을 끊고 아예 애플이 직접 설계한 GPU를 탑재했다. 또한, 함께 탑재된 ISP(화상처리)는 화면을 무려 200만 개의 블록으로 나눠 인식하고, 이를 머신러닝으로 분석해 사물이 무엇인지를 파악할 수 있다.

A11 바이오닉 칩은 애플이 꾸준히 추진하고 있는 증강현실(AR) 구현에 타깃을 맞추고 있다. 기본적으로 증강현실은 매우 많은 그래픽을 처리해야 하는 작업이어서 하드웨어와 소프트웨어가 높은 성능의 지속적인 유지와 배터리 역시 저전력으로 유지해야 하기 때문이다. 이는 하드웨어와 소프트웨어 양쪽 모두를 고도로 설계할 수 있는 애플의 능력을 단적으로 보여주는 좋은 사례다.

중국 스마트폰 제조업체 화웨이(Huawei)도 2017년 9월 독일 '국제가전박람회(IFA) 2017'에서 차세대 인공지능(AI) 칩셋 '기린 970(Kirin 970)'을 공개한 이후 10월에 자사 스마트폰 '메이트10프로'에 탑재했으며, 2018년 3월에는 스마트폰 'P20 시리즈'와 '메이트RS'에도 탑재해 공개했다.

화웨이가 자체 개발 칩셋 기린 970은 옥타코어(8-core) CPU와 12개의 차세대 GPU 코어로 구동되며, 10나노미터(nm)의 신형 프로세스를 활용해 55억 개의 트랜지스터를 1제곱센티미터(cm^2)의 넓이에 저장할 수 있다.

또한, 신경망 프로세싱 유닛(NPU)이 적용된 화웨이 최초의 모바일AI 컴퓨팅 플랫폼인 기린 970은 벤치마크 이미지 인식 테스트에서 기린 970은 분당 2,000장의 이미지를 처리해, 시중 출시된 칩셋 대비 빠른 속도를 보였다. 이러한 기능은 앞으로 세계 프리미엄 스마트폰 시장에서 애플 아이폰과 경쟁이 가속화될 전망이다.

퀄컴도 지난해 10nm(나노미터) 핀펫(FinFET) 기술을 적용해 제조된 최초의 상용 시스템온칩(SoC)인 퀄컴 스냅드래835을 구글이 새로운 픽셀(Pixel) 2에 탑재했다. 이후 삼성전자 10나노 2세대(LPP) 파운드리(위탁생산)을 통해 개발한 '스냅드래곤 845'는 최근 샤오미의 신제품 '미믹스2S'와 삼성전자의 갤럭시S9에 탑재됐다.

구글 또한 10월 4일 캘리포니아에서 열린 하드웨어 이벤트 이벤트에서 공개한 인공지능 기반의 신규 하드웨어 플랫폼 '클립(Cilp)'이 인텔이 인수한 컴퓨터비전 칩 전문기업 모비디우스(Movidius)의 기술 기반으로 설계됐다.

구글 증강현실 탱고 프로젝트(Google's Project Tango)'뿐만 아니라 자율비행 드론 사업 등에 협력한 바 있는 모비디우스는 이번 클립 개발에도 초절전형 특수 설계 칩 모비디우스를 제공 탑재했다. '구글 클립'은 디스플레이 없는 커다란 렌즈로 디자인된 가로세로 5cm 정도의 초소형 핸즈프리 카메라로 구글의 인공지능 기술과 인텔의 모비디우스칩의 기술 합작품이다.

국내에서도 모바일 AI칩을 개발하고 있다. 지난 2월에 카이스트 유회준 교수 연구팀이 국내 반도체(팹리스) 스타트업인 유엑스팩토리와 공동으로 가변 인공신경망(ANN) 등 기술을 적용해 딥러닝을 보다 효율적으로 처리하는 인공지능 칩을 개발하고, 지난 2월 미국 샌프란시스코에서 열린 국제고체회로설계학회(ISSCC)에서 발표해 많은 주목을 받았다.

연구팀은 하나의 칩으로 회선 신경망(CNN)과 재귀 신경망(RNN)을 동시에 처리할 수 있고, 인식 대상에 따라 에너지효율과 정확도를 다르게 설정할 수 있는 인공지능 칩(UNPU)을 개발했다. 특히 스마트폰 카메라를 통해 사람의 얼굴 표정을 인식하여 행복, 슬픔, 놀람, 공포, 무표정 등 7가지의 감정 상태를 자동으로 인식하고 스마트폰 상에 실시간으로 표시하는 감정인식 시스템도 개발했다.

이번 연구는 모바일에서 인공지능을 구현하기 위해 저전력으로 가속하는 반도체를 개발했다는 점에서 의미가 크며, 향후 물체인식, 감정인식, 동작인식, 자동 번역 등 다양하게 응용될 것으로 기대된다. 즉, 기존 클라우드 서버에서 이루어지는 인공지능 알고리즘을 스마트폰 등 휴대용 디바이스에서도 연산이 가능하게 되며, 사용자에 최적화된 인공지능을 구현할 수 있다.

인공지능(AI)이 탑재된 모바일 시스템온칩(SoC)은 스마트폰 분만 아니라, 드론, 자율자동차 등에 있어 매우 핵심적인 역할을 수행할 것으로 전망된다. 기존 AI는 대부분 클라우드 기반으로 작동됐지만, AI칩이 탑재된 모바일 기기 자체에서 즉각 실행할 수 있기 때문에 빠른 속도뿐만 아니라 개인정보보호에도 유리하다. 즉 본격적으로 엣지 컴퓨팅 시대를 맞이하고 있는 것이다.

*참고

엣지 컴퓨팅(Edge computing)이란 단말 장치와 가까운 기기 '가장자리'에서 데이터를 분석하고, 인공지능 구현이 가능한 컴퓨팅 기술이다. 기존 중앙 서버에서 데이터를 처리하는 클라우드 컴퓨팅과는 정반대되는 개념이다. 이는 IoT(internet of Things) 기기들이 생성하는 데이터를 즉각 처리하는 제조, 의료 서비스, 통신, 금융 등 산업계 전반에 걸친 필요 사항으로 자리 잡아가고 있다.

아마존의 야망 "전 세계 모든 거래 인프라 장악"

아마존(Amazon)이 2019년 3분기 사상 최대 순익 29억 달러을 돌파해 전년대비 10배나 른 수치로 2분기 연속 20억 달러를 웃도는 순익으로 존재감을 드러냈다.

또한 아마존은 지난 9월 애플(Apple)에 이어 장중이지만 미국에서 2번째로 시가 총액 1조 달러를 달성한 기업이다. 이제는 세계적인 지명도를 자랑하는 아마존이지만 서비스 시작 당시에는 책만 취급하는 온라인 쇼핑몰이 었다. 아마존이 어떻게 세계적인 거대 기업으로 성장했는지, 또 아마존의 최종 목적지는 어디일까?

아마존은 1994년 설립 이후 높은 성장률을 거듭하며 글로벌 기업으로 자리매김했다. 이후 2015년에는 월 마트의 시가총액을 앞지르고 미국 내 유통시장의 판도를 바꿔나가고 있다. 전자상거래 시장의 변화를 주도한 이후 아마존은 전자책, 드론, 클라우드, IoT 등 사업을 확장해 나가며 혁신에 혁신을 거듭하는 게임 체인저 역할을 수행하고 있다.

아마존은 '아마존 웹 서비스(AWS, Amazon Web Services)'를 통해 클라우드 시장에도 진출, 시장 점유율 1위를 지키고 있는데, 2017년 전체 매출 비중 10%를 넘기며 핵심사업으로 자리매김하고 있다. 또한 아마존이 보유하고 있는 빅데이터와 디지털 콘텐츠를 기반으로 인공지능(AI) 홈비서 '에코(Echo)'를 통해 관련 시장 1위를 지키고 있다.

아마존은 온라인뿐만 아니라 오프라인 스마트 매장 '아마존 고(Amazon Go)'을 런칭했으며, 식료품 회사를 비롯해 온라인 약국, 언론사, 영화회사 등 다양한 분야 사업까지 인수했다. 이처럼 아마존은 홈 네트워크 서비스 장악을 통해 또 다른 혁신을 시도하고 있는데 이는 온 오프라인을 넘어 아마존이 유통과정에서 빠질 수없는 '인프라'를 제공해 최종에는 모든 유통을 완전히 장악하고자 하는 것으로 분석된다.

■ 락인(Rock In) 전략 '가젤 프로젝트'

지난해 9월 미국 오프라인 소매업계 역사상 최대 파산 및 청산 사례가 된 최대 장난감 판매체인 토이저러스가 파산보호를 신청했다. 이후 토이저러스 기업회생에 실패하고 결국 지난 3월 미국과 영국 사업 청산을 결정하기에 이르렀다. 앞으로 다른 나라에서도 줄이어 사업을 청산할 것으로 보인다.

아마존이 이처럼 무서운 것은 아마존이 가동 중인 '가젤 프로젝트' 때문이다. 가젤 프로젝트는 '최저가-가두기 전략'으로 처음에는 손해를 보더라도 가혹할 정도로 저가 정책을 벌이며 경쟁사들을 초토화시킨다. 그다음은 이전에 경험할 수 없었던 서비스를 제공해 고객들을 그들만의 '가두리 양식장'에 가둬 고객들이 빠져나갈 수 없게 만든다. 이 과정에서 경쟁업체들은 그야말로 초토화되고 만다.

아마존 CEO 제프 베조스 [출처: Flickr]

아마존 무인 점포 아마존고 (Amazon Go) [출처: Amazon]

'가젤 프로젝트'는 1994년 제프 베조스가 자신의 차고에서 온라인 서점을 창업한 초기부터 실행한 성장 전략이었다. 당시 베스트셀러나 신간을 정가의 40%까지 싸게 팔아 아예 수익을 내지 않았다. 그리고 최고 물류 투자에 돈을 쏟아부어 첨단 물류창고를 5개나 지어 하루에 책 100만 상자를 배송했다. 고객들은 아마존의 빠른 배송에 중독됐고, 수많은 소형 서점은 물론 대형 오프라인 서점들이 파산했다

이후 아마존은 종합 전자상거래업체로 성장해 몰리는 주문을 안정적으로 소화하기 위해 클라우드에 투자했다. 아마존 웹 서비스(AWS)는 클라우드 서비스 시장에 진출하는 기반이 됐을 뿐만 아니라 지금은 전 세계 시장점유율 1위를 지키고 있다. 여기서 발생한 수익은 무료 배송서비스 등 고객들에게 차별화된 경험을 제공하는 무기가 됐다.

또한 아마존의 경쟁자를 고사시키는 전략뿐만 아니라 위협적인 경쟁자를 일찌감치 인수해버리는 전략을 구사하고 있다. 2009년 신발 쇼핑몰 자포스를 12억 달러에, 2010년엔 기저귀 쇼핑몰 다이퍼스닷컴을 5억 달러에 인수했다. 최근에는 유기농 식품업체 홀푸드와 온라인 약국 필팩을 인수해 관련 업계를 초토화시켰다. 지금으로서는 베조스의 야망을 꺾을 수 있는 대항마는 존재하고 있지 않다.

■ 기술기반 생태계 확장

2014년 아마존은 이러한 스마트 데이터 기반 인공지능 알렉사(Alexa)가 탑재된 스마트 스피커인 에코(Echo)를 출시한다. 아마존은 '에코'를 통해 AI 홈비서(스마트 홈)시장에 진출한 이후 미국 스피커 시장에서 부동의 점유율 1위를 지키고 있다. 2015년 8월부터는 전 세계 가전회사 등 써드파티(3rd Party) 기기와 연동을 시작해 성능을 확대하고 있다.

특히 아마존이 인공지능(AI) 비서 '알렉사'를 완성차에 설치할 수 있도록 소프트웨어 개발 키트(SDK)를 공개하고 생태계를 확장하고 있다. 이번 SDK는 음성인식과 합성, 스트리밍 미디어, 스마트홈 장치 제어, 알림, 일기 예보, 전화, 내비게이션, 지역 명소 찾기 등 다양한 기능이 포함돼 있다. 올해 초 포드와 BMW, 도요타, 폭스바겐 등 완성차 제조사들이 자사 차량에 알렉사를 탑재하겠다고 제휴를 맺었다.

특히 그레그 제어(Gregg Zehr)가 관장하는 비밀 R&D 조직인 아마존 랩 126(Amazon Lab 126)이 자율차의 필수적인 기술들인 카메라, 레이더, 라이더 센서를 개발할 일련의 개발자들, 소프트웨어 엔지니어들, 딥 러닝과 머신 러닝 전문가들을 확보하여 개발하고 있다.

■ 제프 베조스는 데이터 과학자

제프 베조스는 "수익이 아니라 고객의 성공 사례"라고 말하고 있다. 그는 데이터 과학자로 자신의 재능을 마케팅 기법으로 충분히 활용하고 있다. 한 예로 베조스가 140년 된 정통 언론사 워싱턴포스트를 인수해 1년 반 만에 온라인 구독자 수가 뉴욕타임즈를 추월하게 만든 장본인이기도 하다. 그 근간에는 언론사를 IT기업으로 변신에 있다.

2013년 아마존의 CEO 제프 베이조스가 워싱턴포스트를 2억5000만 달러를 주고 사겠다고 발표했을 때, 언론일 대부분 그저 억만장자의 치기로 여겼으나, 베조스가 인수 후 처음으로 한 일은 업게 최고 개발자를 영입한 일이었다. 3년 만에 엔지니어를 3배나 늘렸다. 이후 웹 사이트와 모바일 앱을 새롭게 개편하고, 기사 발행 방식도 모두 바꿨다. 특히, 기자와 엔지니어가 함께 작업 하는데, 아마존의 주특기인 빅데이터를 활용해 독자 취향을 분석, 독자가 최대한 신문에 머무르게 한다.

그들은 이제 정통 언론사가 아닌 '미디어 테크놀로지 기업'으로 불리기를 원하고 있다. 최근에는 유명 언론사들에 자신들의 뉴스 발행시스템(CMS)를 판매하는 IT기업으로 확장하고 있다. 최근 스페인어 뉴스 제공 사이트 '인포배(Infobae)'에 콘텐츠를 작성·배포하는 자체 시스템 아크(Arc)를 적용한 결과 방문자는 110%, 페이지뷰는 254%나 증가했다. 현재 워싱턴포스트 아크 시스템 주요 고객으로는 로스앤젤레스타임즈와 시카고트리뷴, 뉴욕데일리뉴스 등이 있다.

3장   생물학 기술

Biology Technology

장애를 극복하는 따뜻한 미래기술들

2012년 '오감 컴퓨팅 시대'를 예측 발표해 주목을 받은 바 있는 IBM 리서치는 2017년에는 △인공지능(AI), △하이퍼이미징(Hyperimaging), △매크로스코프(Macroscope), △메디컬 랩 온어칩(Medical labs "on a chip"), △스마트 센서 등 거시적 수준에서 나노 수준에 이르기까지, 세계에서 보이지 않는 것을 볼 수 있게 만드는 새로운 과학 기기(물리적 장치 or 첨단 소프트웨어 툴)를 전망했다.

IBM 리서치는 매년 향후 5년 내에 인간이 일하고 생활하며 소통하는 방식을 변화시킬 것으로 예상되는 과학적 혁신들을 선정하고, 이를 연례 'IBM 5 in 5(ibm5in5)' 보고서를 통해 발표한다.

최근 청와대 게시판에 시각장애인의 정보접근권을 보장해줄 것을 촉구하는 내용의 청원이 올라왔다. 한국에서 시각장애인이 살아가기란 여간 불편한 게 아니다. 시각장애인을 위한 정보접근권이 교통·통신·이동·방송 등은 물론이고 생필품 구매에서 제대로 보장되지 않고 있기 때문이다.

현재 시각장애를 겪고 있는 인구는 전 세계에 약 2억4천만 명이며, 이 중 4천500만 명이 완전 시력을 잃은 상태(2011년 국제실명예방기구)다. WHO에 따르면 2020년에는 약 7,600만명의 사람들이 실명에 이를 것으로 전망했다. 이러한 시각장애를 극복하기 위해 세계적으로 첨단기술로 노력하고 있는 움직임을 살펴보자.

지난해 마이크로소프트가 시각장애인을 위한 인공지능 앱 '씨잉AI(seeingAI)'을 iOS앱으로 출시했다. 이 앱은 시각장애인에게 주변 환경 및 텍스트, 사물, 인물 등을 음성으로 설명해준다. 현재 이 앱은 미국 앱스토어에서 다운 받을 수 있어 영어만 지원된다. 또한 관련 소프트웨어 개발 키트(Software Development Kit, SDK)도 공개한다,

씨잉AI 개발자는 놀랍게도 시각 장애인이다. 현재 영국 런던에 거주하는 마이크로소프트의 소프트웨어 개발자인 샤크비 샤이크(Saqib Shaikh)는 7살 때 시력을 잃었다. 시각 장애인 학교에서 컴퓨터를 배운 그는 지난 10년 동안 마이크로소프트에서 소프트웨어 프로그래머로 일하고 있다.

2016년 당시 씨잉AI 모바일 소프트웨어와 시각장애인 전용 스마트 글래스 피봇헤드(Oivothead)를 착용하고, 스마트 안경을 쓰다듬으면 카메라가 상황을 인식하고 음성으로 알려준다. 실제 사례(아래 사진)로 두 명의 상대와 대화를 나눌 때 표정이 궁금하면 스마트 안경을 쓰다듬자 "마주 앉은 사람은 약 40세 남성이며 놀랍다는 표정이다. 또 그 옆 약 20세 여성은 행복하다는 표정이다"라고 알려준다.

특히 기본적으로 인터넷 연결 없이 오프라인 상태에서도 사용할 수 있다. 그 외에도 바코드와 화폐 단위, 메일, 페이스북, 와츠앱, 인스타그램 등 다른 앱의 이미지를 설명해주는 기능도 있다. 마이크로소프트의 이번 iOS앱 출시는 세상을 밝게 비추기 위한 노력의 흔적으로 보인다. 스마트 글래스로는 대중성에 한계가 있는 곳으로 판단하고, 스마트폰 구현으로 효용성을 넓힌 것으로 해석된다.

헝가리 부다페스트에 위치한 스타트업인 에바(EVA: ExtendedVisual Assistant)는 스마트폰과 연동되며 카메라가 장착된 안경을 개발하고 있다. 이 안경에는 카메라 외에 마이크, 뼈 전도 스피커 등이 내장되어 있어, 글씨나 메시지를 카메라로 스캔하여 이미지와 소리를 함께 앱을 통해 서버로 전달하게 된다.

이스라엘의 스타트업 오르캠(OrCam)이 만든 안경은 작은 카메라 장치를 마치 구글 글라스처럼 안경에 클립 형태로 붙이고 사물을 인식해 관련 정보를 카메라와 함께 부착되어 있는 골전도 스피커를 통해 음성으로 전달해준다. 카메라는 자석처럼 사용자의 안경에 부착할 수 있고, 카메라와 유선으로 연결된 본체가 별도로 있다. 또한 오르캠의 카메라는 계속 주위를 스캔하면서 사용자의 손가락을 인식하고 손가락이 가리키는 사물을 인식한다. 글자나 신문 등 활자를 손가락으로 가리키는 경우 손가락이 가리키는 가장 가까운 단락을 인식해 읽어준다.

옥스퍼드대학교와 영국왕립시각장애인협회가 공동으로 개발한 스마트 안경은 전면에 2개의 카메라와 디스플레이 등이 장착되어 있고 야간에도 사용할 수 있도록 나이트 비전이 장착되어 있다.

덴마크 비마이아이즈(Be My Eyes)는 앱을 설치하고 나면 시각장애인과 자원봉사자들이 앱을 통해 도움을 받을 수 있게 되어있다. 현재 50여개 국어로 사용이 가능하고, 도움 이후에는 포인트를 통해 서로 평가를 하게 되어 있어 악용되는 사례가 방지되고 자질이 없는 사용자는 차단이 될 수 있다.

미국 탭탭씨(TapTapSee)는 사물이나 주위 환경을 사진으로 찍으면 잠시 후에 어떤 물건인지 음성으로 알려준다. 특히, 무료 앱이라 많은 시각장애인들이 사용하고 있다.

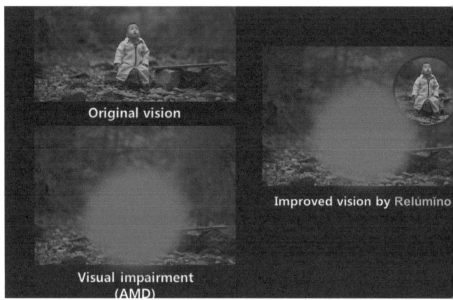

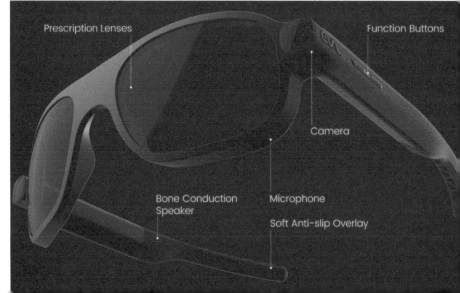

↘마이크로소프트가 시각장애인을 위한 인공지능 앱 '씨잉AI(seeingAI)' | 출처: MS

↗EVA Glasses | 출처: EVA.vision

→삼성전자 릴루미노 부분시야모드 적용 시 효과를 보여주는 이미지 | 출처: 삼성전자

이밖에 페이스북은 인공지능(AI)를 기반으로 한 이미지 인식 및 음성으로 표현하는 기술을 개발 중인 것으로 알려져 있다.

국내에서도 시각장애인을 위한 기술을 개발하고 있다. 삼성전자가 지난해 시각장애인들이 더 잘 볼 수 있게 도와주는 시각 보조 애플리케이션 '릴루미노(Rel m no)'를 공개했다.

'릴루미노'는 삼성전자 사내벤처 육성 프로그램인 C랩(Creative Lab)에 참여한 임직원 3명이 개발한 앱이다. 완전히 시각기능을 잃은 전맹을 제외한 1급에서 6급의 시각장애인들이 기어 VR을 착용하고 '릴루미노'를 실행하면 기존에 왜곡되고 뿌옇게 보이던 사물을 보다 뚜렷하게 볼 수 있다.

서울시가 개발한 '엔젤아이즈(Angeleyes)'라는 스마트폰 앱은 시각장애인이 도움이 필요할 때 스마트폰 앱을 통해 실시간 영상을 보호자 또는 자원봉사자 스마트폰으로 전송하면 보호자나 자원봉사자가 영상을 보면서 실시간으로 안내하는 서비스다. 하지만, 2015년 시범운영을 거쳐 2016년 서비스를 전국으로 확대했으나, 기존에 출시된 '비 마이 아이즈(Be My Eyes)' 등 민간 시각장애인 지원 앱과 큰 차별성이 없다는 점과 접속이 어려워 효과를 보지 못하고 있다.

앞서 살펴본 과학기술들이 시각장애인들에게 많은 도움을 주고 있다. 하지만 아직 가야 할 길이 멀고도 길다. IT와 과학기술의 발전이 앞으로도 많은 신체적 어려움을 겪는 이들에게 의미 있는 도움을 주기를 바래보며, 대한민국의 미래를 열어갈 여러분들에게 아름다운 기술의 나눔을 기대해 본다.

의료 혁신의 미래 '애플워치 4' 분석 ───────○

● FDA 사전 인증 파일럿 프로그램으로 개발…생보사 사용자 활동추적 사용 의무화 추진 ●

2018년 10월 6일

최근 전 세계 사용자들의 기대를 모으며 출시된 4세대 애플워치는 앞으로 헬스케어 시장에서 새로운 바람을 일으킬 것으로 분석된다. 이는 지금까지 나온 헬스케어 디바이스 가운데가장 앞선 성능을 가진 것은 물론 의료 혁신을 어떻게 실행하는지를 보여주는 좋은 사례가 될 것이기 때문이다. 특히, 4세대 애플워치에 추가된 '넘어짐 감지 기능' '심장 박동 이상을 감지해 알리는 기능' '심전도(ECG) 센서'라는 새로운 3가지 기능을 보면 헬스케어 시장의 미래를 엿볼 수 있다. 이에 따라 '헬스케어 시장의 미래'라는 관점에서 4세대 애플워치를 주요 항목별로 심층 분석해 소개한다. 〈편집자〉

[목차]

애플이 지난 9월 12일 미국 캘리포니아주 쿠퍼티노의 애플 신사옥 스티브 잡스 극장에서 신제품 행사를 열고 스마트폰 최초 7나노미터(nm) 공정 모바일 애플리케이션프로세서(AP) A12 바이오닉(Bionic) 칩이 탑재된 아이폰 Xs 시리즈와 '4세대 애플워치(Apple Watch Series 4)'를 발표했다.

특히 눈여겨 봐야할 대목은 2시간에 걸친 iOS12 발표에서 애플 최고운영책임자(COO) 제프 윌리엄스(Jeff Williams)가 애플워치 4를 소개를 40분가량이나 할애했다. 이는 애플이 4세대 애플워치는 앞으로 헬스케어 시장에서 새로운 바람을 일으키겠다는 의도로 해석된다. 따라서 애플워치 4가 헬스케어 도구의 정점을 찍고 의료 혁신에 어떻게 접근하고 있는지를 살펴보도록 하자.

애플워치는 폭 40mm에 두께 10mm 케이스 안에 64bit 듀얼 코어 S4 칩, 16GB 메모리, LTE · Wi-Fi · NFC · Bluetooth 등 무선 통신 장치와 GPS, 가속도계, 자이로스코프 심장박동 센서, 심전도(ECG) 센서 등 다양한 장비가 장착돼 있다.

애플은 애플워치를 통한 의료 분야에 초점을 맞추고 있다. 4세대 애플워치에 추가된 '넘어짐 감지 기능' '심장 박동 이상을 감지해 알리는 기능' '심전도(ECG) 센서'라는 이 새로운 3가지 기능을 보면 헬스케어 시장의 미래를 엿볼 수 있다.

특히 새로운 ECG 센서를 탑재하고 있고, 심장 박동의 변화를 감시하고 의심스러운 활동이 감지되면 사용자에게 바로 통지하는 등 헬스케어에 중점을 두고 있다. 또한 의료 분야의 킬러 애플리케이션이 될 수 있는 새로운 '건강관리' 앱을 탑재하고 있어, 의료 진단에 혁신을 가져다줄 수 있다.

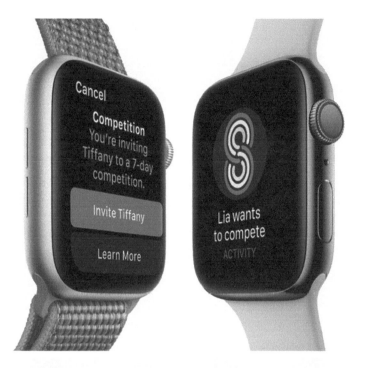

＼애플 최고운영책임자(COO) 제프 윌리엄스(Jeff Williams)가 애플워치 시리즈 4를 공
　개하고 있는 모습. (출처: Apple)

／애플워치 시리즈 4. (출처: Apple)

↑ 디지털 크라운 터치로 심전도 앱과 전기 심박 센서를 활용해 고객이 직접 손목에서 심
　전도를 측정할 수 있다. (출처: Apple)

■ 심박수(BPM) vs 심전도(ECG)

기존 애플워치 심박수(BPM) 측정과 4세대 애플워치 심전도(ECG)는 의료 분야에서 완전 다르게 사용된다. 심박수는 일반적으로 심장의 박동수를 점검하지만, 심전도는 정해진 시간에 심장의 전기적 활동을 해석하는 것으로 심장박동의 비율과 일정함을 측정하는 것뿐만 아니라, 심장의 크기와 위치, 심장의 어떠한 손상이 있는지 등 진단하는 데 사용한다.

심전도(ECG) 앱은 사용자가 손목에서 직접 심전도를 측정할 수 있다. 이 기능은 디지털 크라운에 탑재된 전극과 후면 크리스털의 새로운 전기 심박 센서를 통해 작동한다. 앱을 사용할 때 사용자가 디지털 크라운을 30초 동안 터치하면 심박 리듬 분류가 표시된다. 이를 통해 심장이 정상 패턴으로 박동하고 있는지 또는 심각한 건강 문제를 일으킬 수 있는 심방세동(AF·atrial fibrillation) 징후가 있는지를 판별할 수 있다. 모든 기록 사항, 관련 진단 내용 및 알려진 증상은 건강 앱에 PDF 파일로 저장되어 의사와 공유할 수 있다.

디지털 크라운 터치로 쉽게 심전도를 측정할 수 있다. 새로운 심전도 앱과 전기 심박 센서를 활용해 고객이 직접 손목에서 심전도를 측정할 수 있다. 앱을 통해 심장이 정상 패턴으로 박동하고 있는지, 또는 심방세동의 징후가 있는지 감지할 수 있다. 애플워치가 백그라운드에서 간헐적으로 심박을 분석해 심방세동을 암시하는 부정맥이 감지되면 알림을 표시한다. 또한 사용자의 심박수가 지정한 범위를 벗어나도 알림이 표시된다.

또 차세대 가속도계와 자이로스코프를 맞춤 알고리즘과 함께 활용하여 사용자가 크게 넘어지는 상황을 감지해 사용자에게 알림을 보낸다. 이 알림은 해제할 수도 있고, 긴급 구조 요청을 보내는 데 활용할 수도 있다. 알림 후 60초간 움직임이 없으면, 애플 워치가 자동으로 긴급 구조를 요청하며, 비상 연락망에 위치 정보를 포함하는 메시지를 전송한다.

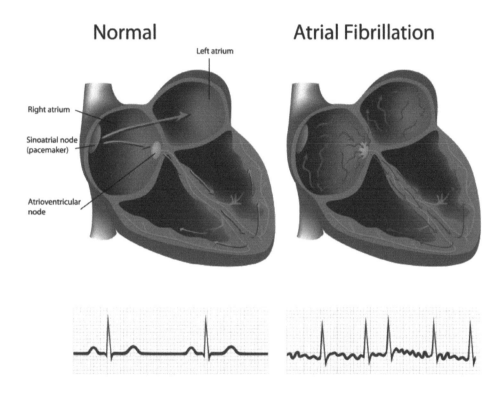

↑ 정상 심장(왼쪽)과 심방세동이 있는 심장 (오른쪽)의 전기 활동. (출처: CDC, 미국 질병통제예방센터)

→애플 하트 스터디(Apple Heart Study) 출처:

■ 심방세동(AF·atrial fibrillation)

심방세동은 심장 내 심방이 규칙적인 수축과 이완 운동을 하지 못하고 불규칙하게 떨기만 하는 부정맥 질환의 일종으로 뇌경색의 주된 원인으로 작용한다. 심방 내 정체된 혈액에서 만들어진 혈전이 뇌혈관을 막을 수 있기 때문이다.

현재 미국에서는 65세 이상 약 90%, 65세 미만 약 2%가 심방 움직임이 불규칙하거나 가늘게 떨리는 증세인 심방세동(AF) 환자가 있다. 그 숫자는 무려 270만~610만 명에 달하는 것으로 알려져 있다. 미국 질병통제예방센터에 따르면 연간 75만 명 정도가 심방세동(AF)으로 병원에 통원 치료받고 있으며, 그중 13만 명 가량이 사망하고 있다.

국내 역시도 마찬가지다. 최근 서울대병원 최의근·순천향대병원 이소령 교수팀은 국민건강보험공단의 지난 7년간 자료를 분석한 결과 심방세동 환자는 70대 인구 중에서 약 3%, 80세 이상에서는 4% 이상 해당질환을 가진 것으로 나타났다.

또한 환자수는 2008년 15만 명이었지만 2015년에는 28만 명에 달한다. 이는 우리나라 전체 인구 중 0.7%를 차지하며, 환자 수 또한 7년 전보다 두 배 가까이 증가했다. 이처럼 심방세동 환자 증가하는 주요 원인은 인구 고령화 때문이다. 즉, 고령화가 진행될수록 증가 속도가 더욱 빨라진다는 것이다.

궁극적으로 뇌경색 예방치료를 통해, 뇌졸중 발생률을 낮출 수 있는데 애플워치와 같은 기기가 있으면 AF를 조기 발견하는 것이 가능해져 더 효과적인 치료를 할 수 있다.

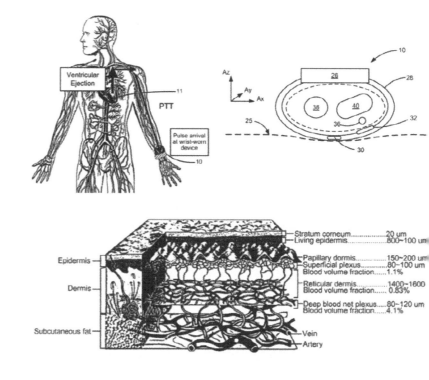

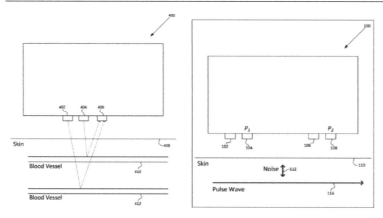

↑ 출처: Apple ResearchKit

↓ 특허명: WRIST WORN ACCELEROMETER FOR PULSE TRANSIT TIME (PTT) MEASUREMENTS OF BLOOD PRESSURE (출원공개번호 20170281024). 출처: USTO

↑ 특허명: Light-based shielding detection (출원공개번호 20180202927).
출처: USTO

■ 미국식품의약국(FDA) 사전인증 파일럿 프로그램(Pre-Cert Pilot Program)

4세대 애플워치의 새로운 기능 중 '심장박동 이상을 감지해 알리는 기능'과 '심전도(ECG) 센서'는 분명히 의료 기능이다. 애플은 이를 구현하기 위해 미국식품의약국(FDA)의 승인을 받았다. 애플은 FDA의 승인을 얻기 위해 2개의 연구 결과를 제출한 것으로 알려져 있다. 애플이 제출한 데이터 세트는 AF를 가지고 있는 사람과 건강한 사람이 각각 절반인 588명을 대상으로 한 시험에서 앱이 전체 중 10%는 읽을 수 없었다. 하지만 나머지 90% 중에서 AF 환자를 98% 이상 정확도로 식별하는 데 성공했다.

스탠포드 대학FDA에 보낸 두 번째 데이터 세트는 스탠퍼드 대학과 공동으로 진행하고 있는 불규칙한 심장 리듬을 애플워치로 식별하기 위한 앱 '애플 하트 스터디(Apple Heart Study)' 데이터다. 이 응용 프로그램은 불규칙한 심장 리듬을 가진 226명의 사람들을 처음으로 확인했다. 기존 심박수 측정 장치는 AF 환자를 41%밖에 확인할 수 없는 반면, '애플 하트 스터디' 앱은 79% 정확도로 식별하는 데 성공했다는 것이다. FDA로써는 승인해줄 수 있는 조건에 충분했을 것이다. 또한 FDA에 있어서도 매우 중요하다. 국가 차원에서 의료 복지는 그 첫 번째가 예방의학으로 비용이 그만큼 적게 들어가기 때문이다.

최근 FDA는 새로운 책임자 스콧 고틀리브(Scott Gottlieb) 국장이 취임한 이후 눈에 띄게 혁신을 장려하고 있다. FDA는 최근 들어 승인 가이드라인을 대폭 수정 변경하고 모바일 및 디지털 기기 승인을 쉽게 얻을 수 있도록 변화하고 있다. 예를 들어, 지난해에 FDA는 사전인증 파일럿 프로그램(Pre-Cert Pilot Program)을 발표했다. 이 프로그램을 통해 의료 기기로 소프트웨어를 개발하는 회사는 FDA 승인 절차가 없이도 제품을 만들 수 있다. 이는 개별 제품보다는 소프트웨어 또는 디지털 헬스 테크놀로지 개발자에 초점을 맞춰 디지털 헬스케어 산업 규제를 합리적으로 풀어 환자가 혁신 기술의 혜택을 받을 수 있도록 하기 위한 시도다.

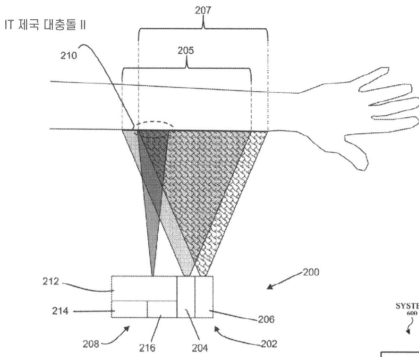

IT 제국 대충돌 II

특허명: MEASURING RESPIRATION RATE WITH MULTI-BAND
PLETHYSMOGRAPHY (출원공개번호 20170164884). 출처: USTO

특허명: REFERENCE SWITCH ARCHITECTURES FOR NONCONTACT
SENSING OF SUBSTANCES (출원공개번호 20180238794). 출처: USTO

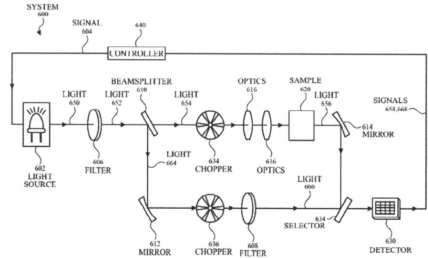

해당 프로그램에는 애플과 구글 베릴리(Verily,) 핏빗(Fitbit), 삼성, 피어테라퓨틱스(Pear Therapeutics), 포스포러스(Phosphorus), 존슨앤존슨, 로슈(Roche), 타이드풀(Tidepool) 등이 참여하고 있다.

애플워치 시리즈4도 이 파일럿 프로그램을 통해 새로운 단말기를 승인을 받기 전에 제품을 개발했다. 미국 내 관련 전문가들은 해당 프로그램이 FDA에 큰 변화로 미국 기업이 중국 기업과 의료기기 분야에서 싸울 수 있는 큰 무기가 될 것으로 기대하고 있다. 현재 애플워치 4와 같이 FDA 승인을 받은 기기 및 소프트웨어 등을 통합한 제품을 만든 업체는 5개도 채 되지 않는 것으로 알려졌다.

■ 애플 리서치 킷(ResearchKit)

애플은 의료분야 연구를 위한 오픈소스 프레임워크로 '리서치 킷(ResearchKit)'를 제공해 의료 연구원이 새로운 건강관리 응용 프로그램을 개발할 수 있도록 지원하고 있다. 하지만, 앱 스토어(App Store)에 리서치 킷으로 만들어진 앱은 단 11개밖에 없다. 따라서 이제 막 시작이라고 볼 수 있다. 전 세계 애플워치 사용자 인구는 아직은 적지만 미국을 비롯해 유럽, 중국, 일본 등 특정 지역에서는 비교적 연령대가 높은 사용자가 많이 이용하고 있다. 앞으로 폭넓은 연령대들이 사용한다면 보다 더 다양한 데이터를 확보해 진단 정확도가 높아질 것으로 보인다.

또 하나는 애플워치뿐만 아니라 웨어러블 단말이나 건강관리 앱이 의료진단의 형태를 크게 바꿀 것이다. 심장 발작이나 뇌졸중, 파킨슨병의 조기 발견으로 이어질 수 있는 데이터를 수집하고, 당뇨병 환자의 관리를 지원하고, 투약 시기를 알려주는 등 헬스케어 분야에 크게 공헌 할 수 있는 무한한 잠재력을 가지고 있다. 흥미로운 점은 여기에 보험회사가 등장한다. 아직 사생활 보호 등에 대한 논란이 있지만, 일부 생명보험 회사는 사용자 활동 추적 사용을 의무화하고 있다는 점이다. 미국에서 가장 큰 보험 회사 중 하나인 존 핸콕(John Hancock)은 고객이 생명보험에 가입할 때 인센티브를 활용한 건강 증진 프로그램 바이탈리티 프로그램에 가입해야 한다. 아직 애플워치나 핏빗 등을 통한 피트니스 데이터 공유는 선택 사항이다.

■ 애플워치 관련 특허

현재 FDA와 함께 센서 및 소프트웨어를 애플워치처럼 작은 패키지에 통합할 수 있는 회사는 애플이 거의 유일하다. 애플워치 차기 버전에서 제공할 수 있는 새로운 의료진단 기능을 애플 특허를 통해 살펴보자.

수면추적 및 수면 중 무호흡 탐지 핏빗과 비교해 애플워치에서 수면 추적 앱이 없다는 사실은 수수께끼다. 애플워치가 이론적으로는 단순한 수면추적 및 수면 무호흡을 감지할 수 있다. 수면 무호흡은 자고 있을 때 기도가 막혀 폐로 가는 공기를 줄이거나 완전히 막는다. 이는 제2형 당뇨병, 고혈압, 간기능 저하, 코골이, 피로 등 합병증을 유발할 수 있다. 실제 수면 무호흡증을 진단하기 위해서는 병원에서 하룻밤을 자야 진단이 가능하다. 수면 무호흡증 검사는 애플워치에 적합한 애플리케이션이다. 맥박산소 측정 맥박산소 측정은 혈액의 산소 포화도를 측정하는 데 사용되는 검사다. 현재 애플워치는 적외선 파장 빛이 흡수되는 양에 따라 혈액에 얼마나 많은 산소가 함유되어 있는지를 이미 알 수 있다. 하지만 어떤 이유인지 공개하지 않고 있다.호흡수 측정혈압, 심박수, 체온과 함께 호흡률(1분당 호흡하는 횟수)은 사람의 생체신호 중 중요한 데이터다. 애플워치에 이러한 기능에 대한 특허를 가지고 있다.

혈압 측정 미국인 약 1/3이 고혈압을 가지고 있다. 한국도 고혈압 환자수도 1000만명에 달할 정도로 많다. 심장질환과 뇌졸중의 위험을 증가시키는 고혈압은 가끔 경고신호나 증상이 없다. 특히 대부분 사람들은 자신이 고혈압이 있는지 모르고, 그들 중 절반만 혈압을 관리하고 있다. 기존에 혈압을 측정하려면 할 때마다 팔에 측정 띠를 두르고 하는데, 자주 하기가 힘들다. 하지만 일상생활 중뿐만 아니라 스트레스나 수면 상태 등에서도 혈압을 지속적으로 측정해야 정확한 진단을 할 수 있다. 애플은 2017년 좌심실에서 워치를 착용한 손목까지의 혈압 펄스의 전파 경로 모니터링해 혈압을 측정하는 특허 2건을 출원했다. 자외선 차단애플은 자외선 노출 위험이 높은 곳에서 피부 노출 부위를 알려주는 자외선 감지 센서에 대한 특허를 지난 7월에 취득했다. 선크림 사용이 4배나 증가한 동시에 피부암 발생률도 4배가 증가하고 있다.

파킨슨병 진단 및 모니터링 파킨슨병은 떨림, 경직성, 걷기와 균형, 그리고 조정의 어려움으로 이어지는 질환으로 미국의 경우 60세 이상 인구의 1%가 이 질환을 앓고 있다. 국내 환자 수는 10만 명 정도로 알려져 있다. 이 질병을 진단할 방법은 딱히 없다. 대신 의사들은 떨림, 경직성, 운동완서(bradykinesia)/운동불능 (akinesia), 자세 불안정 등 4가지 징후를 찾는다. 따라서 환자들은 의사에게 가야만 알 수 있다. 애플은 움직임과 떨림 감지를 지원하는 리서치 킷 프레임워크에 새로운 '이동 장애 API'를 추가했다. 연구원들은 애플워치가 파킨슨병 증세를 지속해서 감시할 수 있도록 해당 API를 활용해 파킨슨병 진단 앱 프로토타입을 만들었다.

혈당 모니터링 1억 명 이상의 미국 성인들이 당뇨가 있거나 당뇨병을 앓고 있다. 국내 당뇨 환자수도 국민건강보험공단에 따르면 2017년도 기준 약 337만 명으로 집계되고 있다. 당뇨병 환자는 하루에 여러 번 피부에 침을 찔러 피를 뽑아 혈당 수치를 지속해서 관찰해 관리해야 한다. 혈당 모니터링 방법 중 의학계의 성배라고 여겨지는 소위 피부를 통해 혈당 수치를 감지할 수 있는 비침습 센서가 주목을 받고 있다. 하지만 이 센서는 많은 스타트업들이 도전했지만 그들의 무덤이 됐다. 실제 해결하기가 매우 어려운 기술로 알려져 있다.

애플은 지난 8월 애플워치를 위한 비침습 혈당 모니터링 센서처럼 보이는 특허를 출원했다. 이 특허 기술이 완성되는 날 애플은 산업의 룰을 바꿀 또 하나의 게임 체인저(Game Changer)가 될 수 있다.

센서 및 데이터센서는 신호를 수신하기는 대부분 쉽지만, 특정 신호를 원래 상태와 연관 짓고, 노이즈 등 다른 요인들로 인해 교란되지 않도록 하는 것이 의료기기의 핵심 기술이다. 의료용 데이터 수집이 가능해지면 연속 또는 실시간 전송은 알고리즘을 훈련시키고 결과적으로 초기에 질병을 예측하는 데 필수적인 수천만 건의 '건강' 데이터를 저장하고 보고할 것이다. 나중에는 적은 데이터로 더 정확한 진단이 가능할 것이다. 이 분야에서 애플은 뛰어난 알고리즘을 가지고 있다.

■ 결론

이처럼 수많은 질병을 조기 발견할 수 있는 앱이 FDA의 승인을 얻으면, 아이폰 또는 애플워치와 같은 스마트 디바이스가 사람들의 건강을 진단 지원하기 위한 강력한 도구가 될 가능성은 충분히 있다. 이러한 흐름 속에서 선구자로 등장한 '애플워치 시리즈 4'가 의료의 미래를 바꾸는 첫걸음이 될 것으로 분석된다.

현재 애플뿐만 아니라 구글과 아마존, 마이크로소프트 등 주요 IT 기업들은 다양한 의료 포트폴리오에 수백조 원 규모의 투자를 하고 있다. 특히 아마존은 최근 온라인 약국 필팩(PillPack)을 10억 달러에 인수했다. 필팩은 미국 내 50개 주 전체 의약품 유통 라이선스를 가진 온라인 약국으로 고객이 홈페이지에 회원가입을 하고 평소 이용하는 약국 정보를 입력하면 필팩 담당자가 고객의 처방전을 양도받아 1회분씩 담아 각 가정에 배송한다. 또한 추가 진료 없이 처방전만 다시 받아야 할 경우엔 필팩이 해당 병원에 연락해 처방전도 대신 받아준다. 따라서 매일 똑같이 복용하는 약을 처방받기 위해 병원과 약국을 방문해야하는 거동이 불편한 노년층이나 만성 성인병 환자의 경우 필팩의 맞춤 서비스를 편리하게 이용할 수 있다.

애플과 아마존은 헬스케어 시장을 개척하기 위해 65세 노령자를 타겟으로 하고 있다, 역시나 두 회사는 미국 증시사상 처음으로 시가총액 1조 달러를 달성했거나 한때 돌파했다. 또한 이들의 주가는 고공 행진 중이다. 참고로 심전도 측정 기능이 탑재된 스마트워치는 국내 스타트업 '휴이노(HUINNO)'가 3년 전인 2015년에 처음 개발했으나, 규제에 막혀 승인을 받지 못했다. 이후 지난 7월 '민관합동 규제해결 끝장캠프'에서 휴이노측이 울분을 터뜨리자 보건당국은 그제야 '신속 승인'을 약속한 바 있다,

이는 시사하는 바가 매우 크다. 애플은 미국 보건 당국이 밀어주고 개발하는 사이에 심전도 측정 기능이 탑재된 스마트워치를 개발했지만, 3년 동안 승인을 받지 못해 한발작도 앞으로 나가지 못했다. 설사 승인이 난다해도 글로벌 시장에서 한발 늦게 뛰어들어 제대로 경쟁할 수 있을지 의문이 든다.

참고자료

1. https://med.stanford.edu/appleheartstudy.html
2. https://github.com/ResearchKit/mPower
3. https://uspto.gov, steveblank blog
3. http://www.abstractsonline.com/pp8/#!/4412/presentation/45220
4. https://www.healthline.com/health/pulse-oximetry#whats-next
5. http://www.itnews.or.kr/?p=4694, 차원용 교수의 '한국을 먹여 살릴 미래의 기술'···애플
6. https://9to5mac.com/2018/09/20/john-hancock-life-insurance-apple-watch/
7. https://9to5mac.com/2018/09/20/john-hancock-life-insurance-apple-watch/
8. https://www.fda.gov/aboutfda/centersoffices/ucm557569.htm
9. https://www.apple.com/kr/researchkit/

미래 먹거리 "생체인터넷(IoB) 세상이 온다"

웨어러블 컴퓨팅(WCs)에서 시작한 사람중심의 건강과 생명을 중시하는 기술 트렌드는 현재 생체인터넷 (IoB, Internet of Biometrics or Biometry)으로 진화하고 있다.

애플, 구글, 삼성전자 등이 착용형(WCs)' 중심의 차세대 차별화 포인트인 헬스(Health), 즉 생체인터넷 기술 개발을 추진하고 있다. 또한 기타 대학, 연구소 등이 미래 먹거리를 위해 생체인터넷 기술 개발에 노력하고 있다.

현재의 시계나 글라스나 컨택 렌즈 등의 '착용형(WCs)'에서 시작한 생체인터넷은 직물에 일체화된 '의류 일체형'으로 진화할 것이고, 스킨(Skin) 패치/파스 등의 '신체부착형'과 타액(침), 소변, 땀, 눈물, 호흡을 분석해 즉각적으로 진단하고 치료하는 '현장진단형(POC)'으로 발전할 것이다. 그러다가 마이크로 크기의 '생체이식형'과 '먹는 컴퓨터형'으로 발전할 것으로 보인다.

물론 여기서 가장 중요한 것은 IoB기기에 전력을 어떻게 공급할 것인가 인데, 현재 무선으로 충전하는 기술이 개발되고 있다.

생체인터넷(IoB) 이란 무엇인가? 초기 단계의 생체신호 인터넷(Internet of Biosignal) 또는 생체인터넷 (Internet of Biometrics or Biometry)이란 몸에 착용 가능한 다양한 센서들(Sensors)로 하여금 건강관련 생체정보들인 혈당(blood sugar), 심박동(heart rate, heartbeat), 심전도(EKG/ECG, ElectroCardioGram), 수화/수분(Hydration), 땀(Sweat), 혈압(blood pressure), 영양(nutrition), 혈당(blood sugar), 수면(sleep), 호흡수(respiratory rate), 산소 포화도(oxygen saturation), 몸무게(weight), 키(height), 온도와 습도 등의 데이터들을 실시간으로 감지하고 분석하여 사용자들에게 유무선 인터넷으로 그 결과를 모바일 기기나 착용용 기기(WCs)에 제공하여 건강을 유지하게 하는 것이다.

또한 이들 생체정보들과 사용자의 운동 등의 활동(activity)의 유무와의 관계에 따른 생체정보들의 변화를 제공하는 것이다. 더 나아가서는 위험상황을 사전에 감지하여 본인의 생명을 살릴 수도 있으며, 장기기증상태로 타인의 생명까지 살릴 수 있다.

이후 2단계에 이르면 원격의료(Tele medicine) 기술과 각종 센서들이 융합된 마이크로 크기의 칩(SOC, System on a chip) 또는 마이크로유체칩(Microfluidics Chip) 또는 랩-온어-칩(Lab on a Chip)에 의해 현장에서 검사/분석하고 진단하고 치료할 수 있는 현장 진단(Point-of-care, POC, field diagnosis, Field check, on-the-spot check)으로 발전할 것으로 보이며, 이와 같은 착용용 진단분석 기기를 통해 의사와 쌍방향으로 실시간 치료가 가능할 것으로 보인다.

우리 몸은 218개 장기로 이루어져 있고 218개 장기는 조직으로, 조직은 세포들로 이루어져있다. 이들 조직이나 세포에는 각종 암이나 질병을 일으키는 특정 돌연변이 유전자가 만드는 특정 단백질 등이 있는데, 이것을 그 병을 일으키는 항원(Antigen) 또는 바이오 마커(Bio Marker) 또는 표지자라고 부른다. 2005년에 X 염색체가 마지막으로 해독되면서 우리는 3,199가지의 병들을 가지고 있다는 것이 밝혀졌다(Ross et al., Nature, 17 Mar 2005).

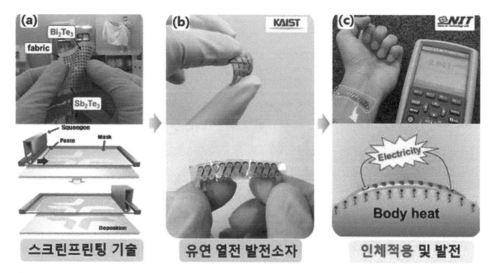

↑ 스크린프린팅 기술로 제작된 유연 열전소자. (a) 유리섬유상에 스크린프린팅 공정기법을 이용하여 열전후막을 형성. (b) 금속전극 전사기술을 이용하여 초경량 고출력 유연 열전소자 제작. (c) 밴드 타입으로 제작된 유리섬유 기반 열전소자를 인체에 적용하여 전기에너지 발생 검증/자료. Image Credit : KAIST

↓ 인간중심의 건강·생명을 중시하는 생체인터넷 진화 방향. Image Credit : 차원용, "사물인터넷(IoT)에 앞서 건강과 생명의 생체인터넷(IoB)이 더 중요", DigiEco,

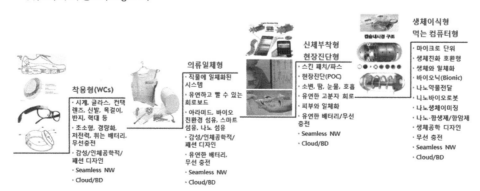

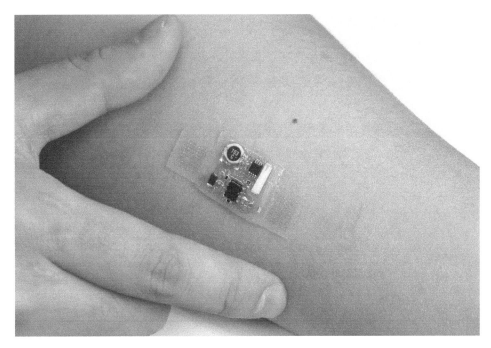

↑ 피부나 머리에 붙이는 전자 패치. Image Credit : Science Daily

이들 3,199가지의 바이오 마커들은 결국 혈관을 돌고 돌아 밖으로 나오게 되는데, 타액(침, **唾液**, Saliva), 땀(Sweat), 소변(Urine, Urea), 호흡(Respiration), 눈물(Tear Fluid) 등을 통해 배출된다. 따라서 이들을 잘 분석하고 진단하면 눈물에서도 3,199가지의 병을 진단할 수 있다.

도래와 배경 초기 단계의 생체인터넷은 미국과 한국의 경우 현행 의료법에 의해 생체정보들의 분석(A)/진단(D)/처방(T)/예방(P)하는 '치료'가 불가능하다. 그래서 지금은 '치료'가 아닌 '관리', 즉 케어(Care)에 중점을 두고 있다.

이미 2014년에 출시된 삼성전자의 갤럭시S5, 손목 시계형 기어2와 독자 기능(Stand Alone)을 가진 기어핏(Gear Fit)에는 미국의 맥심(Maxim)이 제공하는 심박 센서 기능을 갖추었는데, 출시 초기에는 이 문제 때문에 해당 기능을 비활성화한 상태로 시장에 나왔다.

그러다가 애플이 2018년 9월 12일 미국식품의약국(FDA) 사전인증 파일럿 프로그램(Pre-Cert Pilot Program)을 통해 '넘어짐 감지 기능' '심장 박동 이상을 감지해 알리는 기능' '심전도(ECG) 센서' 등을 탑재한 애플워치 4를 발표해 전 세계가 주목하고 있다. 이는 심장이 정상 패턴으로 박동하고 있는지 또는 심각한 건강 문제를 일으킬 수 있는 심방세동(AF·atrial fibrillation) 징후가 있는지를 판별한다.

앞으로 헬스 케어 서비스는 주로 4가지로 요약되는데, ▲ 운동을 할 때 심박수 등을 관리하는 피트니스 케어(Fitness Care), ▲ 잠 잘 때 수면시간, 패턴, 코골이 등을 관리해주는 수면 케어(Sleep Care), ▲ 칼로리 섭취량과 소모량을 비교해 식단을 조절하는 다이어트 케어(Diet Care), ▲ 혈당, 심전도 등을 실시간으로 체크하는 질병 케어(Disease

Care) 등으로 세분화되어 있다.

이미 이러한 모바일 헬스 케어는 스마트폰 대중화가 원동력이 됐다. 현재 전 세계에서 애플(Apple), 삼성전자, 핏빗(FitFit), 나이키(Nike)의 퓨얼밴드(Fuel Band), 런키퍼(RunKeepr) 등이 제공하는 모바일 헬스 케어 앱은 16만개 이상 출시되었으며, 이들 앱을 다운로드 받아 사용하는 사람도 수억 명에 달한다.

미래 먹거리로 주목받고 있는 생체인터넷 분야는 나 혼자 독불장군 식으로는 절대 성공할 수 없다. 따라서 협업을 통해 오픈 이노베이션으로 추진해야 한다. 소프트웨어개발키트(SDK)를 공개해 앱 개발자, 병원, 대학, 벤처, 서비스 사업자, 통신 사업자 등이 모두 참여할 수 있는 오픈 플랫폼을 구축하여 생태계(Ecosystem)을 만들어야만 성공할 수 있다.

또 하나는 현행의료법도 시장(Markets)의 변화를 따라 변해야 한다. 조만간 규제가 완화될 것으로 보인다. 이렇게 된다면 초기 단계의 생체인터넷은 '케어'에서 다음 단계의 '진단/치료'로 급속하게 발전하게 될 것이다. 따라서 이를 준비하는 기업이나 연구소만이 미래의 부를 창출할 수 있다는 얘기다.

애니 '빅히어로' 현실로…스스로 군집하는 로봇

월트 디즈니 3D 애니메이션 '빅 히어로 6(Big Hero 6)' 속에 나오는 마이크로 로봇은 조종자의 명령에 따라 스스로 움직이며 서로 달라붙고 떨어질 수 있는 군집 로봇 기술이다.

영화 속 주인공은 이 작은 로봇들을 이용해 커다란 로봇 팔을 만들어 무거운 물건을 들어 올리고, 공중에 다리를 만드는 등 원하는 모양을 자유자재로 만들기도 한다. 도저히 현실에서는 불가능할 것 같은 군집 로봇 기술이 개발됐다.

스페인 바르셀로나에 있는 '유럽 분자생물학 연구소(EMBL)' 제임스 샤프(James Sharpe) 교수팀은 군집 형태를 미리 입력하지 않아도 로봇끼리 신호를 주고받으며 무리를 이루는 군집 로봇 시스템을 만들었다.

샤프 교수는 웨스트 잉글랜드 대학 브리스톨 로보틱스 연구소(Bristol Robotics Laboratory)와 게놈규제센터(CRG)와 함께 로봇 공학에 자기 조직의 생물학적 원리를 도입했다. 연구 결과는 2018년 12월 19일(현지 시각) 국제학

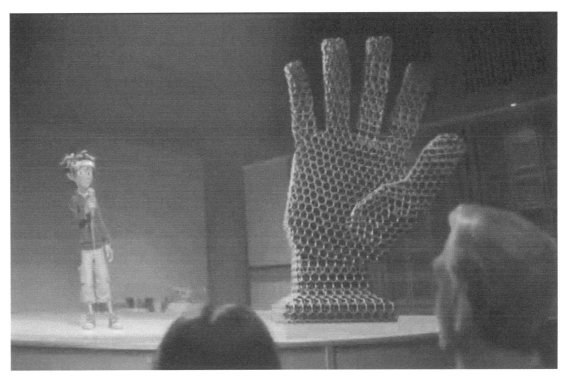

↑ 월트 디즈니 3D 애니메이션 '빅 히어로 6(Big Hero 6)' 스틸 컷

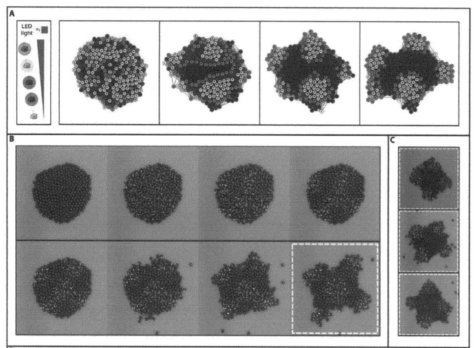

←앨런 튜링의 반응-확산 방정식(미분 방정식)을 적용해 군집 로봇이 특정 패턴을 형성하는 모습. [출처: 사이언스 로보틱스]

↑ 스스로 군집하는 로봇의 모습. [출처: 사이언스 로보틱스]

술지 '사이언스 로보틱스(Science Robotics)'에 'Morphogenesis in robot swarms'라는 논문명으로 게재됐다.

특히 이번 연구는 2014년 미국 하버드 대학교 연구팀이 개발 실험한 1,024대의 군집 '킬 로봇(Kill Robot)'이 서로 신호를 주고받으며 별 모양의 군집 구조를 이루는 것과는 개념부터 다르다. 당시 실험은 중앙 컴퓨터에서 제어하는 수준으로 로봇들이 서로 거리를 유지하는 수준에 머물렀다.

튜링 패턴

연구자들은 그 해답을 동료와 상호작용하고 군집을 이뤄 이동하는 철새 떼나 개미 떼 등 자연계에서 찾고 있다.

연구팀은 동전 크기의 로봇에 단지 상호 작용하는 기본 규칙만을 만들었다. 이는 생물학 조직에서 세포와 유사하게 행동하도록 하는 프로그래밍이다. 이러한 생물학적 패턴은 영국 수학자 앨런 튜링의 '반응–확산 방정식(미분 방정식)'을 적용했다.

예를 들어 '형태소'라는 세포 속 요소가 서로 확산하고 반응해 손에 손가락을 배치하거나 표범에 얼룩을 만드는 것과 같은 원리다. 즉 컴퓨터 과학과 생물학의 패턴을 결합해 만들었다.

연구진은 군집 로봇이 오로지 방정식에 따라 움직이게 했다. 로봇 각각에 형태소를 수치를 부여하고 10㎝ 이내 주변 로봇과 적외선으로 주고받은 형태소 정보를 바탕으로 방정식을 풀도록 했다.

각각의 로봇에 형태소를 부여하고 적외선 신호를 사용해 10cm 범위에서 다른 로봇과 통신하면서 튜링의 반응-확산 방정식을 풀도록 했다.

동영상(https://youtu.be/dwA-ktc49t8)을 보면 군집 로봇의 실험은 평균 3시간 반 동안 지속됐다. 생물학에서 영감을 얻은 로봇은 형태 정보를 담고 있는 가상분자인 모르포겐(morphogen, 다세포동물의 형태형성에 있어서 세포에 위치정보를 주는 기능이 있는 화학물질의 총칭)을 저장한다.

색상은 개별 로봇의 모르포겐 농도를 나타낸다. 녹색은 매우 높은 모르포겐 값을 나타내고, 파란색과 보라색은 낮은 값을 나타내며, 색상은 로봇의 모르포겐의 가상 부재를 나타낸다.

각 로봇은 10cm 범위에서 이웃 로봇과 통신하면서 모르포겐 농도가 낮은 로봇이 농도가 높은 로봇 쪽으로 모여들었다. 또한 방정식 수치를 조절하면 돌출 부위가 자라나기도 했다. 이를 '튜링 스팟(turing spots)'이라고 불린다. 특히 돌출 부위를 인위적으로 끊어내면 돌출 부위가 다시 자라거나 다른 곳에서 새롭게 돌출 부위를 만들어냈으며, 군집 가운데를 반으로 갈랐을 때도 다시 모여들며 군집을 복구했다.

실험에 쓰인 300대의 로봇이 서로 단순한 상호 작용으로 유기체처럼 로봇이 군집을 이루는 매혹적인 모습은 미리 입력된 마스터 플랜이 없다는 점이다. 그동안 20회가 넘는 실험을 진행했으며, 각 실험에는 약 3시간 30분이 걸렸다.

또한 실제 생물학에서와 마찬가지로 종종 일이 잘못될 수 있다. 로봇이 갇히거나, 무리에서 잘못된 방향으로 빠져나간다. 이러한 점들로 인해 프로젝트가 어려웠다. 이 프로젝트의 초기에는 컴퓨터 시뮬레이션에서 수행되었고, 실제 로봇 군집을 처음으로 수행하기까지 약 3년이 걸렸다.

생물학에서 영감을 얻어 로봇 모양이 손상되어도 스스로 복구하는 모습을 보여주는 이번 연구진의 결과는 실제로 응용할 수 있는 무한한 잠재력을 가지고 있다. 지진이나 화재가 발생한 재난 현장을 탐색하거나 건물이나 지형에 맞게 스스로 임시 다리를 만드는 등 3차원으로 자기 조직화하는 수백 또는 수천 개의 작은 로봇을 상상해보라.

생각만으로 항공기 3대를 동시 조종

2015년 뇌에 이식한 전극을 이용해 생각만으로 시뮬레이터에서 스텔스 전투기 'F-35' 비행에 성공했다. 그로부터 3년이 지난 이번에는 비행기 3대를 조종하는 데 성공했다,

특히 이번 기술은 생각으로 조종하는 사람이 비행기 신호를 수신해, 양방향으로 상호작용을 하면서 조종한 것이다.

이 기술은 미국 국방성 방위고등연구계획국(DARPA)이 개발해 온 것으로, 지난 2015년 사지가 마비된 여성의 뇌에 전극을 삽입하고 생각만으로 시뮬레이터에서 비행기를 조종하는 데 성공한 기술의 후속 연구 결과다.

미국 군사과학전문매체 디펜스 원은 "DARPA는 지난 9월 6일, 설립 60주년 기념식에서 이 기술을 발표했다"고 보도했다. DARPA 생명공학 부문을 이끄는 저스틴 산체스(Justin Sanchez) 박사는 기념식 자리에서 "현재 뇌의 신호를 이용해 항공기 1대 뿐만 아니라 3대를 동시에 조종할 수 있게 됐다"라고 말했다.

특히 이 기술은 시뮬레이터 항공기에서 보내오는 신호가 조종사의 뇌에 직접 입력됐다. 실험에 참가한 사람은 사지가 마비된 나단(Nathan) 이라는 남성으로, 뇌에 이식된 전극을 통해 항공기와 커뮤니케이션을 할 수 있었다.

산체스는 "항공기 신호는 뇌에 직접 전달돼 조종사의 뇌가 환경을 인식할 수 있다"며, "이 문제를 해결하기 위해 몇 년이라는 시간이 걸렸다"고 말했다.

불과 몇 달 전에 실험한 것으로 알려진 이 기술의 자세한 사항은 아직 밝혀지지 않았지만, 조종하는 사람은 한마디로 '두뇌(생각) 조이스틱'을 가지고 있는 것이나 마찬가지다.

이번 연구 성과는 텔레파시 기술이라고 할 수 있는 '뇌-컴퓨터 인터페이스(BCI)' 분야에서 매우 획기적인 발전이라고 할 수 있다.

한편, BCI 기술은 날로 발전하고 있지만, 아직 가야 할 길은 멀다. 사람의 뇌 속에 전극을 직접 이식하는 침습 방식이 아닌 비침습 방법을 찾아야 한다.

지난 2014년 독일 뮌헨공대(TUM) 비행시스템역학연구소는 조종사가 자신의 뇌파를 감지하는 캡을 머리에 쓰고, 시뮬레이터에서 비행기를 조종하는 '두뇌비행'(Brainflight) 프로젝트를 성공시켰다. 이 실험은 7명이 참가했으며, 생각만으로 비행과 이착륙 대부분 높은 정확도를 보였다.

↑ 사지가 마비된 얀 소이어만(Jan Scheuermann)이 생각만으로 제어되는 로봇팔을 사용해 초콜릿 바를 먹고 있다. (출처: 피츠버그 대학)

전기신호로 '포만감' 착각 다이어트 장치 개발

– 위스콘신 매디슨대학, 1cm 크기의 다이어트용 이식 미주신경 자극 장치...배터리 교체가 필요없는 '나노 발전기'탑재

비만으로 고생하는 사람들을 위해 먹지 않아도 전기 신호를 통해 뇌가 배부르다고 착각하는 장치가 개발됐다.

2017년 조사에 따르면, 전 세계에서 무려 7억명 이상의 성인과 어린이가 비만으로 고통을 받고 있으며, 그 수는 매년 꾸준히 증가하고 있는 것으로 나타났다.

위스콘신 매디슨대학 (University of Wisconsin-Madison) 재료공학 교수인 쉬동 왕(Xudong Wang)과 대학원생 광야오(Guang Yao)는 배터리가 필요 없는 1cm 크기의 다이어트용 이식 장치 개발에 성공했다.

연구 결과는 최근 국제 학술지인 네이처 커뮤니케이션(Nature Communications)에 논문명 〈Effective weight

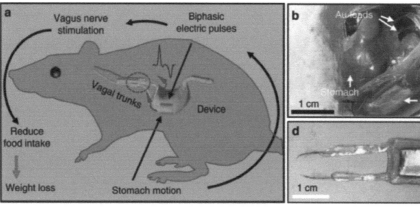

← 미주신경 자극 시
스템의 동작 원리
[출처: 네이처 커뮤
니케이션

control via an implanted self-powered vagus nerve stimulation device(이식된 자가 전원 미주신경 자극장치를 통한 효과적인 체중 조절)〉으로 발표됐다.

개발된 장치는 작은 동전 크기로 사람의 뱃속에 직접 이식해 사용된다. 이 장치에는 배터리를 탑재하고 있지 않기 때문에, 한번 설치되면 배터리를 교체할 필요가 없다. 그 대신 음식을 먹을 때 발생하는 위의 연동 움직임에 따라 '나노 발전기'가 전기 신호를 생성하고 위장과 뇌를 연결하는 미주 신경에 전달한다. 이 전기 신호가 뇌에 "배부르다"고 착각하게 만들어 다이어트할 수 있다.

나노 발전기는 사람의 일상적인 움직임 같은 기계적 에너지로부터 전기 에너지를 수확할 수 있다. 이름처럼 크기가 아주 작고 가벼운 데다 구동회로를 단순·집적화할 수 있어서 착용형·휴대용·신체 이식형 기기에 적용될 수 있는 미래 기술이다.

이러한 체중 감량을 위해 미주 신경을 자극하는 장치(VNS, Vagus Nerve Stimulation Therapy System)는 기존에 있었다. 2015년 식품 의약품 안전청(FDA)의 승인을 받은 기존 제품 '마에스트로(Maestro)'는 미주신경에 고주파 자극을 가해 뇌와 위 사이의 모든 신호를 차단한다. 특히 복잡한 제어 장치가 들어 있어 부피가 클 뿐만 아니라 배터리를 교체해야 하는 번거로움이 있었다.

쉬동 왕 교수는 "실험용 쥐를 대상으로 장치를 이식한 후 25일 동안은 급격한 체중 감소가 나타났다. 이후 안정기에 접어들고 100일 동안 장치를 이식한 쥐가 대조군보다 체중이 약 40% 줄어든 상태를 유지했다. 또한 100일 후 장치를 제거하자 이식 이전 몸무게로 다시 돌아왔다.

쉬동 왕은 나노 발전기에 관한 세계적 권위자로 이번에 개발된 장치도 '위벽의 물결'이라는 약간의 움직임을 전기로 변환해 신경 전달 구조를 개발했다. 연구진은 향후 더 큰 동물로 실험을 진행하고 곧 사람에게도 응용할 계획이다.

혈액검사 한 번으로 8가지 암 발견

– '체액생검'기술로 종양과 관련된 유전적 돌연변이와 단백질을 찾아내다.

머지않아 예비검사로부터 얻은 결과들에 따라 단 한 번의 혈액 검사로 훗날 다양한 종류의 암을 알아내는 데 사용될 것이다.

지난 몇 년간, 간단한 채혈로 종양을 발견하고 추적하는 데 가능성을 지닌 체액생검(liquid biopsy)라고 불리는 실험테스트가 있었다. 실험테스트의 대부분은 혈액 내에 DNA 배열들에서 종양과 관련된 변이유전자들을 발견하여 단일 종류의 암을 검출하도록 고안되었다.

1월 18일, 사이언스(Science)에서 발표한 최신 연구는 8가지의 서로 다른 암을 검출해내기 위한 노력으로 변이유전자에 대해서뿐만 아니라 특정 단백질의 비정상적인 수치에 대해서도 테스트를 한다는 점에서 이례적이었다.

혈액 내에 암과 관련된 DNA와 단백질들을 검사하는 이 새로운 검사법은 지금까지 보편적인 암 혈액검사에 있어 최고의 성과 중 하나로 종양이 퍼지지 않은 1005명의 환자들에게서 8가지 공통적인 암 종류를 약 70%의 정확도로 진단했다는 긍정적인 결과를 냈다.

연구원들은 이 연구가 궁극적으로 일부 다른 체액생검과 관련된 집중적인 시퀀싱(intensive sequencing)보다 더 간단하고 저렴한 검사를 이끌 수 있기를 바라고 있다. 영국 케임브리지대학교(Cambridge University)에 있는 암 연구자인 니찬 로젠펠트(Nitzan Rosenfeld) 박사는 "결국 다른 접근방식과 비슷한 성과이지만 훨씬 더 비용효율적인 접근방식으로 보인다."며, "이는 흥미로운 진전이지만, 현실에서 평가하기에는 긴 과정이 될 것이다."라고 말했다. 여기서 시퀀싱(squencing)은 DNA의 서열을 읽어내는 것으로 염기서열 분석을 의미한다.

거의 불가능한 일

학계와 산업계에서 많은 그룹들은 암의 진행을 추적하고 의사들이 치료계획을 세웠을 때 이끌 수 있도록 체액생검을 사용하는데 초점을 맞췄다.

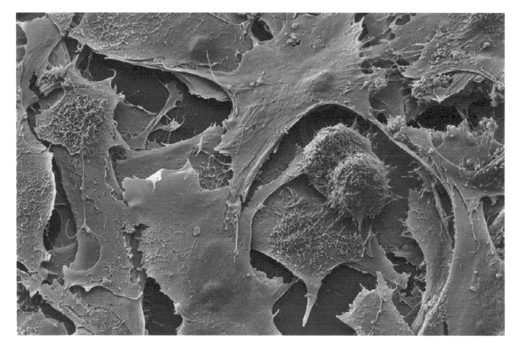

더 민감한 혈액검사는 자궁암을
포함한 초기단계의 암들을 탐지할
수 있게 되었다. (출처:Nature)

에러바(Error bar)는 95%의 신뢰
구간을 나타내며 종양종류에 따른
CancerSEEK의 민감도를 나타낸
다. 출처: SCIENCE

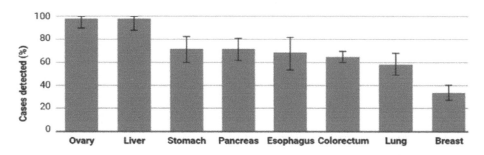

그러나 메릴랜드 주(Maryland) 볼티모어에 존스 홉킨스 키멜 암 센터(Johns Hopkins Kimmel Cancer Center)에 있는 종양학자 니콜라스 파파도풀로스(Nickolas Papadopoulos) 박사와 그의 동료들은 치료가 더 쉬울 때인 초기에 암을 발견할 수 있는 검사법을 개발하길 원했다.

이러한 검사법들은 특히 작은 종양들이 보통 더 큰 종양들만큼 훨씬 더 DNA를 혈류로 방출하지 않기에 어렵다. 그리고 허위양성(false positive)이라는 많은 인구의 건강한 사람들에게 투여되도록 의도된 검사에 대해 문젯거리가 있다. 정확하지 않은 결과가 사람들에게 과도한 스트레스를 유발시키고 불필요하고 잠재적으로 해로운 치료법들로 이어질 수 있다는 것이다.

연구진은 허위양성결과의 위험성을 높이지 않으면서 더 민감하게 체액생검을 만드는 방법을 모색했다. 존스 홉킨스 연구원들과 공동연구자들은 검사법에 더 많은 유전자들을 추가했을 때 암을 발견하는 비율의 증가가 줄었다는 것을 발견했다. 이들이 개발한 CancerSEEK라고 불리는 검사법은 8개의 단백질 수치와 16개의 유전자에서 돌연변이의 존재를 검사했다. 이는 민감도를 높이고 종양의 조직 유형에 대해 이해할 수 있게 했다.

이들은 체액생검을 8개의 암(자궁암, 간암, 위암, 췌장암, 식도암, 폐암, 유방암, 직장암)중 하나를 이미 진단받은 사람에게 테스트했다. 그리고 암이 신체의 다른 부분에 퍼진 사람들을 제외하여 암의 초기단계에 초점을 맞출 수 있었다.

민감도 구하기

CancerSEEK의 성능은 자궁암의 경우 98%를 발견했지만, 유방암 경우 오직 33%를 발견되어 암에 따라 크게 달라짐을 알 수 있었다. 또한, CancerSEEK은 환자의 약 63%에게서 암이 뿌리를 내린 기관을 정확히 찾아낼 수 있었다. 그러나 이 검사법은 1기암은 43%에 비해 3기암은 78%를 발견하여 초기단계의 암에서보다 말기단계의 암에서 더 잘 수행해냈다.

켐브리지에 있는 체액생검회사인 이니바타(Inivata)의 수석 과학책임자인 로젠펠드(Rosenfeld) 박사는 "그럼에도 불구하고 이들 수치는 앞으로의 연구를 뒷받침하기에 충분히 높다."라고 말했다. 덧붙여, 로젠펠드 박사는 "그러나 불확실한 것은 CancerSEEK가 진단되지 않은 암들을 발견할 수 있는지의 여부이며, 암의 50%만이라도 찾아도 훌륭하다."라고도 말했다.

프랑스의 몽펠리에 대학(University of Montpellier)의 암 연구원인 캐서린 알릭스-파나비에르(Catherine Alix-Panabires) 박사는 "또 다른 골칫거리는 허위양성비율이 일반적인 인구에서 더 높을지 아닐지"라고 말했다. 그녀는 "일부 겉으로 보기에 건강한 사람들은 CancerSEEK가 대상으로 삼는 단백질의 수치를 바꿀 수 있는 염증을 일으키는 질환들을 가질 수 있다."라고도 말했다.

이러한 골칫거리들을 다루는 데는 수년이 걸릴 수 있다. 그러나 존스 홉킨스 연구팀은 CancerSEEK가 검진도구로서 시험할 준비가 되었다고 생각한다. 파파도풀로스 박사는 "검사법은 실용적이게 완벽할 필요가 없다."고 말했다. 이어서, "연구진은 적어도 10,000명의 건강한 사람들에게 CancerSEEK를 테스트하기 위한 연구를 이미 시작했으며, 5년 동안 이들을 지켜볼 계획"이라고도 말했다.

존스 홉킨스와의 공동 연구로 펜실베이니아(Pennsylvania)에 가이싱어 헬스 시스템(Geisingr Health System)은 이미 암을 전혀 가지고 있지 않은 65세에서 75세 사이의 여성지원자들로부터 혈액샘플에 CancerSEEK를 사용하기 시작했다.

더 나은 체액생검으로의 발전

두 번 양성반응을 보이는 사람들의 경우, 다음 단계는 종양을 발견하기 위한 영상 작업이 될 것이다. 그러나 이는 다른 진찰검사에 의해 발생한 질문들을 제기할 것이다. 이 검사법이 아직 문제를 일으킬 만큼 충분히 더 이상 크게 성장하지 않는 작은 종양을 발견해낼 수 있을까? 아니면 환자들에게 불필요한 비용, 위험 및 불안감을 유발하면서 치료할까? 파파도풀로스 박사는 전문 연구팀들이 각각 경우를 평가할 것이기 때문에 이 문제는 처리·관리할 수 있다고 생각한다. 그는 "문제는 과잉진단이 아니라 과잉진료"라고 말했다.

체액생검을 사용하는 다른 사람들은 보편적인 혈액검사로 건강한 사람들의 광범위한 진찰이 해를 입히지 않고 암으로 인한 사망을 줄일 수 있는지를 알아내는 것은 시간이 걸린다고 말한다. 로젠펠드 박사는 "만약 사람들이 갑자기 모든 암을 잡기를 기대한다면, 실망일 클 것이다."라며, 덧붙여 "이는 흥미로운 진전이지만, 현실에서 평가하는 것은 긴 과정이 될 것이다."라고도 말했다.

이탈리아 토리노(Truin)에서 칸디올로암연구소(Candiolo Cancer Institute)의 암 연구원인 알베르토 바르델리(Alberto Bardelli) 박사는 "다른 연구팀에게서 보는 기대는 다른 혈액 검사들과 DNA 시퀀싱을 결합시킴으로써 그들만의 체액생검을 개선하는 것"이라고 말하며, 그는 "이 연구는 연구원들에게 자극을 느끼게 하며, 우리가 그림의 아주 작은 일부분을 보지 말아야 한다는 사실을 지적한다. 대신, 우리는 혈액 내에 모든 정보의 근원을 볼 필요가 있다."라고도 말했다.

최초 아메리카 인디언의 기원은 알래스카인

약 180만년 전에 시작된 플라이스토세(Pleistocene, 홍적세) 말기에 알래스카인(Alaskan)의 게놈이 최초 아메리카 인디언들의 기원을 밝혀냈다.

플라이스토세 말기 알래스카에 남겨진 인류유해의 분석들은 이 인구의 시기와 분포를 해결하는데 중요한 역할을 했으며, 아메리카 대륙에 거주하고 있는 사람들의 입구통로인 베링육교(Beringa)의 인구역사의 유전적 이해를 가능하게 했다.

알래스카에 위치한 고대무덤사이트(Upward Sun River)에서 약 11,500년 전으로 추정되는 두 유아의 유해가 발견되었다. 유아의 미토콘드리아 DNA에서 찾아낸 USR1은 매우 밀접하게 미국 인디언들과 관련이 있지만 이전에 배열된 고대와 현대의 아메리카 인디언들에 토대가 되었다.

또한, 두 유아에서 얻어진 미트콘드리아의 배열들(각각 하플로그룹 C1과 B2)을 이용하여 다음 분열 위치와 시기 그리고 초기 설립개체군의 수, 원천과 구조를 연구하는데 더 광범위한 기회를 준 온전한 게놈 배열 데이터를 얻었다. USR1이 분명한 고대 베링인(Beringian)의 인구를 나타낸다는 걸 보여줬으며, 현대 전 세계의 인류들과 가까운 동족이었다는 것을 발견했다.

↑ 2006년에 발견된 알라스카의 페어뱅크(Fairbanks)의 남동쪽 50마일에 위치한 타나 강(Tanana River) 골짜기에서 발견된 11,500년 전의 고대 무덤 사이트(Upward Sun River)에서 두 아이의 발굴 현장. Credit: Ben Potter, University of Alaska Fairbanks

인구통계학적 모델링을 사용하여, 고대 베링인의 인구와 다른 아메리카 인디언의 조상들은 동아시아인들로부터 분리된 단일 설립개체군의 자손으로 추정되었다. 고대 북 유라시아인들(Eurasians)에서 모든 아메리카 인디언

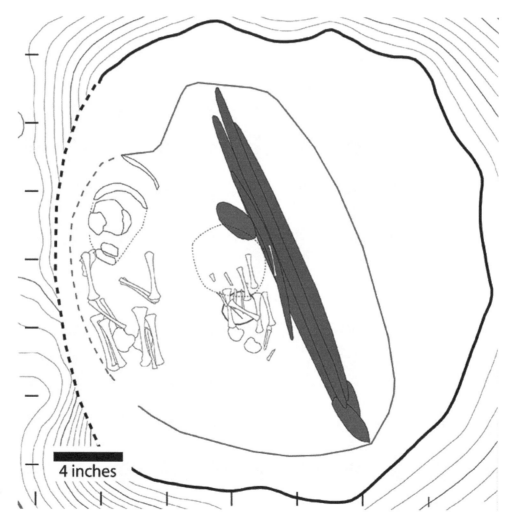

남아의 유골이 사슴 뿔로 만든 창
의 촉과 도구 등 125점의 유품과
함께 발견되어 초기 북미 대륙 이
주민의 문화적 관습을 엿볼 수 있
다고 밝혔다. 남아의 유골은 유
물과 함께 황토에 덮인 상태에서
발견됐다. Credit: Ben Potter,
University of Alaska Fairbanks

4 inches

으로의 유전자흐름은 고대 베링인의 '정체모델(standstill model)'과 일치하는 장기간의 조상 아메리카 인디언들의 유전자 구조를 뒷받침했다.

다른 모든 아메리카 인디언들이 속한 토대가 되는 남 북아메리카 인디언 일족들은 약 14,600~17,500년 전에 나뉘었고 북미 빙하대륙의 남쪽에서 발생했다. 연구결과, 북아메리카 인디언들의 북아메리카 대륙 북쪽에서의 출현은 고대 베링인들의 초기 설립개체군을 대체하고 흡수했던 과거의 이주로부터 왔다고 밝혔다.

USR1은 그 동안 불확실했던 것들인 현대의 아메리카 인디언들과 전 세계의 인구들 사이에 유전적 관련성, USR1과 북아메리카 인디언(NNA)–남아메리카 인디언(SNA) 분열에 대한 지리적 위치, 다른 아메리카 인디언들의 형성과정 등을 해결하는 걸 가능토록 했다.

그 불확실했던 것들에 대해서 알아보자.

USR1, 현대의 아메리카 인디언들과 전 세계의 인구들 사이에 유전적 관련성

USR1이 현대 아메리카 인디언을 존재하게 했던 같은 근원 인구로부터 유래되었는지를 조사하기위해 형태 D의 빈도수기반 통계자료로 11,322개의 대립형질 유전자를 계산했다. 그 결과 표준값 분포가 동아시아인과 시베리아인을 배제한 아메리카 인디언들과 같이 클레이드(clade)를 형성한다는 영가설에 따라 예상된 정규분포와 일치했다. 덧붙여, USR1과 오늘날 아메리카 인디언들이 동아시아인과 말타인(Mal'ta)과 관련된 혈통의 혼합한 특징을 지닌 조상의 근원으로부터 유래되었음을 알 수 있었다. 이 근원의 자손들이 아메리카 대륙으로 처음 이주했던 토대가 되는 집단을 대표한다고 암시할 수 있었다.

←출처: Pixabay

USR1이 최근 아시아의 유전자흐름을 견딘 일종의 인구들을 제외한 어떤 한 쌍의 아메리카 인디언에 대한 외집단이라는 영가설을 거부할 수 없었기에 TreeMix를 사용하여 아메리카 인디언 클레이드에 토대가 되는 위치에서 USR1의 계통발생 배치를 확인했다. 이 결과들은 아메리카 인디언 클레이드 이내에 USR1의 분열을 지지하지만 USR1이 NNA와 SNA에 대해 같은 거리에 있다는 것을 나타냈다.

USR1과 NNA-SNA 분열에 대한 가능한 지리적 위치들

최근 몇몇의 아메리카 인디언 집단들에 있는 오스트랄라시아(Australasian)에서 유래된 유전적 특징의 발견은 USR1도 이러한 특징을 가지고 있는지를 연구하도록 이끌었다. 하지만, USR1에 대해 다른 아메리카 인디언들보다 파푸아인들(오스트랄라시아인 대용물)에 더 가깝다는 단서를 찾지 못했다.

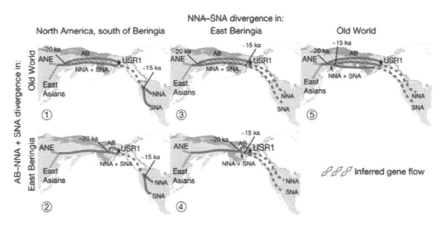

↑ USR1이 NNA-SNA 분열을 하기 전 어떻게 이동했는지를 지리적으로 나타낸 그림. 출처: Nature

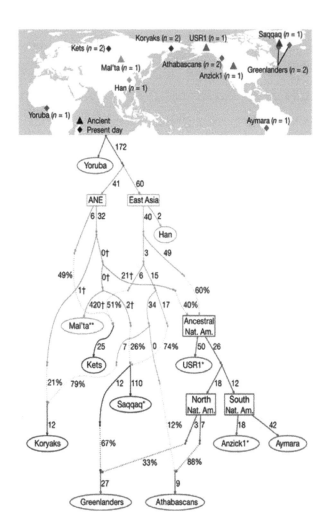

←아메리카 대륙의 인구뿐만아니라 다른 인구의 분열을 나타
낸 그림. 출처: Nature

에스키모와 애서배스카 어족(Athabaskan)의 기원을 재검토하기 위해 NNA-SNA분열 이전인 아메리카 인디언의 분열에 대해 USR1의 위치를 활용했다. 그러고 나서 애서배스카 어족들과 언어적, 유전적 연결을 공유한다고 나타낸 자료를 기반으로 한 혼합그래프에 적합한 증분분석법을 사용했다.

결국, 애서배스카 어족들과 그린란드(Greenlandic)의 이누이트(Inuit)족 둘 다 NNA일족으로부터 유래되었다는 모델을 산출해냈고 그린란드의 이누이트 내에 시베리아인의 요소는 시베리아인의 인구로부터 유래되어 온 고대 에스키모인과 신 에스키모인의 결과라고 추론했다.

다른 아메리카 인디언 인구들의 형성과정

두 가지 독립적인 방법인 diCal2와 momi2를 사용하여 아메리카 인디언들, 시베리아인들과 동아시아인들에 대해 USR1의 인구통계 역사를 추론했다. 각각 방법으로 USR1, 아메리카 인디언들과 시베리아인들의 설립개체군이 USR1과 아메리카 인디언들의 조상들이 나뉘기 시작했을 때인 약 24,500~36,000년 전까지 매우 약한 구조를 띄었다. 또한, USR1은 그들 사이에 적당한 유전자흐름이 뒤따른 시기인 약 20,900년 전에 다른 아메리카 인디언들로부터 나뉘어졌다.

두 방법을 사용하면서 애서배스카 어족들과 카리티아나(Karitiana)가 약 15,700년 전에 나뉜 반면에 그들의 조상의 인구가 약 23,300년 전에 코랴크인들(Koryaks)로부터 나뉘었다는 중추인구변동을 추정했다. 다른 인구들과 USR1사이에 가능한 유전자흐름을 따르면서 USR1 인구와 중추인구변동에 합류한 가장 그럴듯한 일족(NNA와 SNA에 조상인구)과의 시간을 추론했다.

동아시아인들, 시베리아인들과 다른 아메리카 인디언들의 전후 시점에 있는 USR1 인구 통계 기록

아메리카 인디언들의 설립개체군(고대 베링인들과 NNA와 SNA를 구성)은 약 36,000년 전보다 일찍 이 시기의 베링육교나 북아메리카 북서쪽에 있는 사람들에 대한 단서가 존재하지 않기에 북동아시아에 있는 조상아시아인들로부터 나뉘기 시작했다고 보았다. 약 24,000년 전에 아메리카 인디언들의 설립개체군의 차후 분리는 시베리아에서 고고학적인 증거로 인류의 존재에 대한 감소와 대체로 일치했다. 이 변화는 최후최대빙하기(Last Glacial Maximum)동안 냉혹한 기후조건의 시작과 같은 근본적인 원인들로 인해 발생했을지도 모른다.

USR1과 다른 아메리카 인디언들 사이에 약 20,900년 전의 분열 시기와 연관된 이러한 발견들은 베링인의 정체모델과 일치한다. NNA와 SNA의 공통조상과 고대 베링인들은 약 20,900년 전에 나뉘기 시작했고 그 이후 유전자흐름이 뒤따랐다는 것이다.

이러한 발견들로 USR1으로 얻은 결과들은 모든 아메리카 인디언들의 기원이 단일 플라이스토세 말기 설립사건으로부터 같은 근원 인구까지 거슬러 올라갈 수 있는 직접적인 게놈의 단서를 줬다. 저 인구의 자손들은 적어도 11,500년 전까지 동부 버지니아에 존재했지만 그때까지 아메리카 인디언들의 분리된 일족은 이미 얼음으로 덮지 않은 북아메리카 내에서 자리를 잡았다. 궁극적으로, 대부분 아메리카 대륙의 토착민 인구들의 조상들은 된 두 개의 토대가 되는 집단들로 나뉘게 된 것이다.

IT 제국 대충돌 II

초판 발행   2019년 10월 31일

지은이   김들풀 / 이제은
펴낸이   정유진
편집   이 이사벨
디자인   캘리 구
펴낸곳   미래유망기술연구원
주 소   경기도 수원시 영통구 광교중앙로 145 A432
전 화   031-8025-9200   **팩 스** 050-4211-8560
           https://blog.naver.com/nobookorea
이메일   nobookorea@gmail.com
출판등록   2018년 7월 27일 제2018-000072호

ⓒ 2019 김들풀, 이제은, Published by no book, Printed in Korea
ISBN 979-11-965237-3-2(13320)